MERIAN *live!*

W0071135

Türkei
Südküste

Michael und **Prof. Dr. Christoph K. Neumann** reisen seit 25 Jahren in der Türkei. CKN leitet das Institut für den Nahen und Mittleren Osten an der Universität München. Etliche Türkei-Publikationen.

 Familientipps

 Diese Unterkünfte haben behindertengerechte Zimmer

◎ Ziele in der Umgebung

Preise für ein Doppelzimmer mit Frühstück:

€€€€ ab 100 €   €€ ab 30 €
€€€ ab 60 €   € bis 30 €

Preise für ein dreigängiges Menü ohne Getränke:

€€€€ ab 30,00 €   €€ ab 7,50 €
€€€ ab 12,50 €   € bis 7,50 €

Inhalt

◄ Gilt als die schönste der Türkei:
die Bucht von Ölüdeniz (▶ S. 46).

Unterwegs an der türkischen Südküste 32

Antalya und
Umgebung   Der
Der   Osten
Südwesten   Alanya und
            Umgebung

Touren und Ausflüge 86

Wissenswertes über die türkische Südküste 96

✳ Karten und Pläne

Willkommen an der türkischen Südküste.
Eine lockende Landschaft mediterraner Gebirge und Buchten, überschaubarer Städte und superlanger Strände erwartet Sie!

Erst entdeckten wir Istanbul, und wir blieben länger als geplant, fasziniert von dieser Stadt an den Ufern des Marmarameeres und des Bosporus. Wir reisten weiter, südwärts an den Küsten der Ägäis, sahen uns in die Städte der Antike versetzt, kletterten von der Küste hinauf zu den Funden der Archäologen, zu Spuren und Architekturen von Cäsaren, Aposteln, byzantinischen Kaisern, Sultanen. Wir erkundeten auch Dörfer und – damals noch – verschwiegene Meeresbuchten. Boten sich Küste und Inseln nicht mit jedem Reisetag reicher ausgebreitet dar?

An den Küsten des Mittelmeeres lächelt Anatolien. Also entschieden wir uns: Wir wollen nicht umkehren, bevor wir die ganze Mittelmeerküste der Türkei gesehen haben. Von Marmaris bis zur syrischen Grenze. Wir sind diese Strecke seither öfter gefahren und – genug ist nicht genug – bald auch darüber hinaus bis an die Grenzen zum Iran, zu Armenien und Georgien. Im Wortsinn großartig ist das Land der Hirten, Fernfahrer und Bergsteiger im Hinterland, rund um den Ararat-Gipfel und den riesigen Van-See. Vielleicht erst im Kontrast dazu genießt man wirklich, wie lebensfreundlich, wie sonnenverwöhnt und fast unerschöpflich vielgestaltig sich die türkische Südküste darbietet!

◄ Bitte probieren: Ein Einkauf im Basar ist immer ein Erlebnis für alle Sinne. Und Handeln gehört natürlich dazu!

Die Natur hat der Südküste fruchtbare Ebenen und unmittelbar am Meer ansteigende Bergwälder, tiefe Cañons und die 1000 km lange, auch bis fast 4000 m hohe Gebirgskette des Taurus gegeben.
Die Städte nicht zu vergessen! Manche Namen, etwa Antalya, kennt jeder Urlauber, andere hört man außerhalb der Türkei fast nie. Die viertgrößte Stadt des Landes heißt Adana und liegt nah am »Knick« des Mittelmeeres, wo die Küstenlinie nach Süden abschwenkt. Rundum Burgen, in der Stadt alte Karawansereien, hethitische und frühchristliche Stätten. Unter Adanas Moscheen ragt die größte der Türkei auf – mit Platz für 12 000 Gläubige unter der Kuppel.

»Blaue Reise« durchs Mittelmeer

Ob der Gast ein Wanderer oder ein Bergsteiger ist oder die Südküste lieber vom Meer aus entdeckt, an Inseln und Inselchen den Anker wirft – alle Wünsche sind erfüllbar. Die »Blaue Reise«, die Mavi Tur, eine sehr beliebte, mehrtägige Jachtreise, kann praktisch in jedem Hafenort starten. Im Sommer sammeln sich an den besten Liegeplätzen ganze Flotten.
Dagegen haben sich unter den als wanderfroh bekannten Deutschen bisher nur wenige auf die Langstreckenwanderung zwischen Fethiye und Antalya, den Lykischen Pfad, eingelassen. Den Briten wurde die Wegstrecke von der »Sunday Times« nachdrücklich empfohlen – als »eine der zehn besten Wanderrouten weltweit«. Manche wollen mehr

über das in der Antike aus Kreta eingewanderte Volk der Lyker erfahren. Andere wollen das Hinterland der Küste kennenlernen, weil die Küste selbst in Strandnähe mit unzähligen Hotelanlagen zugebaut wurde.
Ob Gleitschirmfliegen über dem Ölüdeniz, der viel gelobten »schönsten Bucht der Türkei«, ob River Rafting in den Canyons der Flüsse – auch bei den Sportlern beweist sich die immense Anziehungskraft des Urlaubslandes Türkei.

Ungebrochene Gastfreundschaft

Welcher Türkei-Fan wüsste nicht von zahlreichen freundlichen Begegnungen mit Türken und/oder Kurden zu berichten? Sogar da, wo die Touristen zeitweise in hochsaisonal bedingter Überzahl sind, bleiben die Gesten freundlicher Gastlichkeit nicht ganz aus, vom Glas Tee bis zur Einladung in das eigene Haus. Mit weniger touristischer Konkurrenz ist man natürlich eher der erwählte Gast: Wir erinnern uns an einen Spätnachmittag in der pamphylischen Ebene von Antalya. Bei einer altersgrauen Karawanserei fanden wir zu dem niedrigen schwarzen Zelt einer Nomadenfamilie, am Eingang ein dürres Pferd angepflockt. Wir wurden unters Zeltdach gebeten, neben die kreisrunde Holzplatte, auf der die junge Frau des Hausherrn Fladen ausrollte. Halb hockten, halb lagen wir auf den Teppichen, kosteten zum frischen Fladen Honig und Käse. Tee wurde immer wieder nachgefüllt. Wer ein wenig Türkisch sprechen kann, erlebt in diesem faszinierenden Land umso mehr, wie das Fremde unversehens an Fremdheit verliert.

MERIAN-**TopTen** MERIAN zeigt Ihnen
die Höhepunkte der Region: Das sollten Sie sich bei Ihrem
Besuch an der türkischen Südküste nicht entgehen lassen.

 Ölüdeniz
Ein tiefblaues Wasserparadies, von bewaldeten Felsen umrahmt: Das ist die berühmteste Bucht der Türkei (▶ S. 27, 46).

 Strand von Patara
Der schönste aller türkischen Traumstrände – kilometerlang, breit, mit feinsandigen Dünen (▶ S. 27, 51).

 Antalya-Museum
Das wichtigste, reichste Museum der türkischen Südküste – Kostbarkeiten glanzvoll präsentiert (▶ S. 54).

 Teeterrasse von Antalya
Der schönste Balkon der südlichen Türkei ist 100 m lang und liegt über einem malerischen Jachthafen (▶ S. 55).

 Aspendos (Belkis)
Eine der besterhaltenen Freilichtbühnen der Antike. Bei den Festspielen sind hochkarätige Ensembles zu Gast (▶ S. 57).

 Tal und Strand von Olympos
Dschungeldichtes Gehölz, antike Ruinen, hoch aufragendes Gebirge, unverbauter Strand – ein Traum (▶ S. 59)!

 Olba und Diokaisareia
Inmitten herrlicher Land-
schaft zu den überdauernden
Architekturen der römischen
Schwesterstädte hinauffah-
ren – ein unvergessliches
Erlebnis (▸ S. 73).

 Termessos
Im Waldgebirge hoch über
Antalya: die antike Ruinenstadt, die Archäologen bis
heute Rätsel aufgibt (▸ S. 90).

 Burg Anamur
Großartiges Zeugnis aus der
Zeit der Nomadenfürsten und
Kreuzritter (▸ S. 92).

 **Nationalpark Karatepe-
Aslantaş**
Wald- und Seenlandschaft
vor dem Taurusgebirge, mit
überlebensgroßen hethiti-
schen Skulpturen und Reliefs
(▸ S. 94).

MERIAN-Tipps Mit MERIAN mehr erleben.
Nehmen Sie teil am Leben der Region und entdecken Sie die türkische Südküste, wie sie nur Einheimische kennen.

 Restaurants im Dim-Fluss
Großartig sind die Dim-Höhlen. Nehmen Sie sich aber unbedingt auch Zeit für die Restaurants im (!) Fluss (▸ S. 15).

 Hotel Asuhan, Hisarönü
In prachtvoller Landschaft, südwestlich von Marmaris. Ein »Wunder der Stille« mit Privatstrand (▸ S. 39).

 Olympos Mountain Lodge, Beycik
Übernachten am Hang mit traumhaftem Blick auf das Olympos-Gebirge (▸ S. 46).

 Restaurant Patio, Antalya
Türkisches Lokal, italienisch inspiriert, in hübscher Lage: bester Service, ausgezeichnete Küche (▸ S. 55).

 Club Arma, Antalya
Der optimale Platz, wenn man sich verwöhnen möchte: das Feinschmecker-Restaurant mit Edeldisco am Jachthafen (▸ S. 57).

 Pension Dostlar Evi, Çıralí
Nahe dem Olympos-Nationalpark führt Metlüv mit seiner Familie dieses kinderfreundliche Haus (▸ S. 59).

 7 Restaurant Yakamoz, Alanya
Das Lokal mit dem schönen Namen »Meeresleuchten« breitet sich auf mehreren Terrassenstufen aus – tolle Aussicht, gute Küche (▶ S. 65).

 8 Markttag in Manavgat
An den überdachten Ständen geht's deutlich türkischer zu als in der nahen Hotelstadt Side (▶ S. 67).

 9 Café Keyif, Adana
Wer die Türkei jung und modern erleben will, Menschen, die sich als Kosmopoliten fühlen, sollte hier das Nachtleben genießen (▶ S. 77).

 10 Basarviertel, Antakya
Rund um die Moschee Habib Neccar Camii wird seit jeher gehandelt, und gleich daneben überdauern alte osmanische Häuser (▶ S. 82).

Der alte Hafen von Antalya (▶ S. 53),
heute als Jachthafen genutzt, lädt zum
Flanieren ein, die umliegenden Cafés,
Bars und Teegärten zu einer Ruhepause.

Zu Gast an der
türkischen Südküste

Zwei Wochen Wellness oder eine Entdeckungstour mit
Open End? Golfen, Gleitschirmfliegen oder Wandern?
An dieser Küste ist fast jeder Wunsch erfüllbar.

Übernachten
Die Auswahl ist riesig, von
der Familienpension bis zum Fünf-Sterne-Golfhotel. Auch
Exklusives – etwa kleine, aber feine Boutique-Hotels –
ist meist preisgünstiger als anderswo rund ums Mittelmeer.

◄ Im Sarıgerme Park (▶ S. 41) mit gutem Gewissen verwöhnen lassen: Das Hotel wurde »Umwelt-Champion«.

Der Boom der Betten: Seit Mitte der 1980er-Jahre wird an den touristischen Zentren der Südküste Hotel um Hotel, Feriendorf um Feriendorf hochgezogen. Wer als Gast auf eine gewisse Garantie für Qualitätsstandards Wert legt, sucht sich Hotels und Pensionen aus, die vom Tourismusministerium erfasst sind.

Daneben gibt es auch Unterkünfte, die von der Belediye, der lokalen Verwaltung, registriert sind. Übrigens sind unter denen, die sich weder da noch dort listen lassen, durchaus auch hervorragend gute Adressen – Häuser, die bestimmte Auflagen der Qualitätskategorien nicht erfüllen wollen. Vorteil der vielen **Ferienanlagen** ist das meist ausgezeichnete Freizeitangebot, Nachteil der oft weitgehende Abschluss von Land und Leuten.

Und nicht zu vergessen: In einfachen **Pensionen** wiegt oft die Herzlichkeit bei Empfang und Betreuung die Schlichtheit der Ausstattung und des Frühstücks auf. Echte türkische Gastfreundschaft? Es gibt sie noch – oft in der Familienpension, aber auch in gut geführten großen Hotels.

Verhandelbare Preise

Grundsätzlich ist es in der Türkei noch üblich, sich bei der Buchung vor Ort das Zimmer vorab zeigen zu lassen. Manche Komfortbettenburg setzt ihre Preise eine oder zwei Etagen zu hoch an – dem kann man mit einem raschen Augenschein ebenso entgehen wie einem Quartier neben einer Baustelle. Je höher die Preise, desto eher sind sie verhandelbar –

nicht überall, aber häufig genug. Anders als in Deutschland ist der Preisunterschied zwischen Einzel- und Doppelzimmern meist nur gering – als Paar bekommt man mehr für sein Geld. Für Kinder gibt es in vielen Häusern Ermäßigungen. Meist schick und nicht ganz billig: die »Küçük oteller«, **Boutique-Hotels**.

Nebensaison empfohlen

Kräftige Preiszuschläge werden in vielen Häusern während der Hochsaison gefordert, die wegen der hohen Temperaturen allerdings eher weniger attraktiv ist. Wer sich ein bestimmtes Haus ausgesucht hat, sollte in der Hauptsaison frühzeitig reservieren.

Das Angebot an **privaten Quartieren** bei türkischen Familien ist eher klein. Wo Türken Gäste aufnehmen wollen, machen sie in der Regel eine Pension oder ein Hotel auf. Der Aufenthalt in einem kleinen Familienbetrieb kann oft mindestens so angenehm sein wie in einem Mehr-Sterne-Haus, vor allem dann, wenn man persönlichen Kontakt mit den Menschen des Landes finden möchte. Üblicher sind **Ferienwohnungen** und Ferienhäuser. Erkundigen Sie sich beim Tourist Office.

Unterschiedlich von Hotel zu Hotel ist das **Frühstück** im Preis enthalten oder auch nicht. Wer türkisch frühstückt, beginnt den Tag mit Käse, Oliven und Gurken, bekommt meist auch ein Ei, Honig und Marmelade.

Empfehlenswerte Hotels und andere Unterkünfte finden Sie bei den Orten im Kapitel ▶ **Unterwegs an der türkischen Südküste.**

Preise für ein Doppelzimmer mit Frühstück:

€€€€ ab 100 €	€€ ab 30 €
€€€ ab 60 €	€ bis 30 €

Essen und Trinken
Türken leben gerne süß – staunenswert ist die Fülle der Leckereien! Scharf Gewürztes kommt aus der Osttürkei. Ihre Künste präsentieren die Köche auf dem Vorspeisenteller – delikat!

◄ Verführung pur: Süßschnäbel kommen in türkischen Konditoreien voll auf ihre Kosten.

Mit den eigenen Augen und nicht nur nach der Karte auszuwählen ist landesüblich: Der Fisch wird vorgezeigt, bevor er gebraten wird; zur Auswahl der »mezeler«, der Vorspeisen, kommt ein Tablett, und bevor man sich für Suppe und Gemüse entscheidet, wird man eingeladen, dem Koch in die Töpfe zu gucken.

Die Türkei ist kulinarisch ein Brückenland. Traditionen der zentralanatolischen Turkstämme und der Mittelmeervölker sind miteinander verschmolzen, im Südosten des Landes spielen auch arabische Einflüsse eine Rolle. Scharf gewürzt ist beispielsweise der »adana kebabı«. Kommt man bis Antakya, kostet man »künefe«, eine Süßigkeit mit Pistazien, die ganz anders schmeckt als eine Pistazienleckerei in Antalya.

MERIAN-Tipp ⬥ 1

RESTAURANTS IM DIM-FLUSS
▶ S. 119, D 8

Das beliebteste Ausflugsziel Alanyas ist das waldgrüne Flusstal des Dim-Flusses (Dim Çay). Dort gibt es nicht nur einen kleinen Stausee, sondern auch eine große Auswahl an Flussrestaurants. Spezialität: Tische und Stühle stehen im flachen Wasser des Flusses, man kann sich also beim Forellenspeisen die Füße kühlen – oder aber auf einer Plattform in den Bäumen tafeln.
20 km östl. von Alanya, am Dimçayı Barajı • €€

WUSSTEN SIE, DASS...

...das Rauchverbot, das seit Juli 2009 in allen Cafés und Restaurants der Türkei gilt, auch die Wasserpfeife betrifft?

Wo isst man was?

Einfache »pide salonus« bieten zum »pide«, dem mit Hackfleisch oder Käse belegten Brotteig, nur Antialkoholisches an. Größer ist die Auswahl in der »döner kebap salonus«. Die Übergänge von der »lokanta« zum »restoran« sind fließend, bei Letzteren kann man anspruchsvolleres Ambiente erwarten. Richtig süß wird das Leben im »pastane«, der Konditorei, bei Leckereien wie »baklava« oder »kadıngöbeği« (»Frauennabel«), in der Mitte zart eingedrückten Plätzchen.

Natürlich stehen Fisch und Meeresfrüchte in der Küstenregion obenan auf der Spezialitätenliste – und auch auf der Preisskala. Damit einem die Rechnung nicht nachträglich den Appetit verdirbt, handelt man Preis und Gewicht beim Bestellen aus.

Die wichtigsten Getränke sind neben »ayran«, dem erfrischenden Joghurtdrink, der traditionelle Tee, Symbol der Geruhsamkeit und Geste der Gastlichkeit, und der »rakı«, auch Löwenmilch genannt, weil sich der Anisschnaps weiß färbt, sobald man ihn mit Wasser verdünnt.

Empfehlenswerte Restaurants finden Sie bei den Orten im Kapitel ▶ Unterwegs an der türkischen Südküste.

Preise für ein dreigängiges Menü:

€€€€ ab 30,00 €	€€ ab 7,50 €
€€€ ab 12,50 €	€ bis 7,50 €

grüner
reisen

Wer zu Hause umweltbewusst lebt, möchte dies vielleicht auch im Urlaub tun. Mit unseren Empfehlungen im Kapitel grüner reisen wollen wir Ihnen helfen, Ihre »grünen« Ideale an Ihrem Urlaubsort zu verwirklichen und Menschen zu unterstützen, denen ein verantwortungsvoller Umgang mit der Natur am Herzen liegt.

Mangel an Natur?

Über einen Mangel an Grün konnte sich lange niemand beklagen. Wo der Wald nicht die Hügel überwuchs, bestellten die Bauern ihre Felder und pflanzten Obst- oder Olivenbäume, ließen Apfelsinen und Zitronen an der vom Klima verwöhnten Küste reifen. Ein Vierteljahrhundert türkischer Tourismusboom hat die Szene verändert. Heute brauchen acht oder mehr Millionen Besucher Betten, verlangen nach Strand – da blieb vom beschworenen Landschaftsschutz des »South Antalya Tourism Development Project« nicht viel übrig. Die Betonmischer räumten die Orangengärten ab, Hotels und immer mehr Hotels besetzen die Küstenlinie.

Zum Glück: Die Türkei ist groß. Beispiel Antalya: Vor 50 Jahren zählte die Stadt rund 50 000 Einwohner, vor 25 Jahren bereits etwa 250 000, heute vermutlich über 800 000. Und doch taucht, wer mag, in der nahen Umgebung in Waldlandschaften ein und in Bergeinsamkeit. Von der Halbinsel Datça bis Alanya und weiter ostwärts gilt: Schön ist das Meer, doch im Hinterland der Küsten ist mediterrane Natur zu entdecken, dazu ursprüngliches Landleben und da und dort Hotels, in denen man sich's wohl sein lässt, ohne Natur zu zerstören.

ÜBERNACHTEN

Su Degirmeni   ▶ S. 117, E 4

Die richtige Unterkunft garantiert schon das halbe Urlaubsglück... Su Degirmeni ist das türkische Wort für »Wassermühle«. Den alten Namen übernahmen Brigitte und Ferruh Özbali, die Hamburger Soziologin und der Tourismusexperte aus Ankara, für das mit eigener Kraft und Freundeshilfe Ende der 90er-Jahre erbaute Hotel.

Seither leben sie 400 m hoch über Fethiye in einer Naturlandschaft mit verstreuten Dörfern. Sie keltern ihren eigenen naturreinen Wein, stellen Pinienhonig her, besitzen einen Olivenhain und kosten mit ihren Gästen auch sonst viel Leckeres aus dem Umland, nach Wunsch auch vegetarisch zubereitet. Aus dem Taurusgebirge strömt unterirdisch das Wasser, das im Garten der »Wassermühle« als kühler Quell wieder zutage tritt.

Mit den Dörflern von Faralya werden die Anteile am Wasser festgelegt – es füllt das Naturschwimmbecken und bewässert danach noch die Felder.

Die weltberühmte Ölüdeniz-Bucht mit ihrem umtriebigen Leben ist nur 15 Autominuten von diesem erholsamen Kleinod inmitten der Bergnatur entfernt. Auch wenn die wenigen Räume des Su Dgirmeni belegt sind, findet jeder, der mag, als Gast auch im Garten der »Wassermühle« einen ungestörten Platz zur Rast. Nicht zu vergessen: Der Ausblick auf die Ägäis im Sonnenuntergang gerät an manchem Abend fast so üppig wie in tropischen Ländern!

Uzunyurt/Fethiye, Faralya, Hisar Mah. No.4 • Tel. 2 52/6 42 12 45 • www.naturreisen.de • Wegbeschreibung auf der Website, Transfer-Service vom Flughafen Dalaman (1,5 Std.) • €€€€

The Sandybrown Hotel   ▶ S. 117, D 3

Sie sind noch eine kleine Minderheit in der Türkei, aber es gibt sie: Hotels wie das Sandybrown in einer ruhigen Seitenstraße in Dalyan, dessen junge Eigner den Schutz der Umwelt zu einem Hauptpunkt ihrer Arbeit gemacht haben. Nachhaltigkeit ist Wunsch und Ziel, ob nun Energieverbrauch – hier mit Solarzellen – oder Abfallverwertung. Noch darüber hinaus geht es auch um soziale Ökologie: Leute aus den umliegenden Dörfern bekommen eine Chance, werden ins »grüner arbeiten« eingeführt. Dem Elend der in der Türkei überall herumliegenden Plastikbeutel mit überlangem Verfallsdatum begegnet das »Sandybrown« mit dem Gratis-Angebot von Beuteln aus Naturstoffen. Der Appell an die Gäste: »Helft uns bitte und bringt neue Vorschläge zu mehr Nachhaltigkeit mit, wenn Ihr bei uns wohnt!«

Der Kommunikation zwischen Gästen und Hoteliers kommen deren Sprachkenntnisse zugute: Man spricht Türkisch und Englisch, Französisch und Deutsch. Schmuck ist das Sandybrown ausgestattet mit seinen Balkonen und bis zum Dach rankendem Grün, mit Swimmingpool und zwölf Zimmern mit Ausblick.

Dalyan, Gülpinar Mah No. 90 • Tel. 2 52/2 84 33 62 • www.dalyan hotelsandybrown.com • €€

EINKAUFEN

Bauernmarkt in Kumluca   ▶ S. 118, A 8

Kumluca ist eine von vielen türkischen Provinzstädten und ohne besondere Sehenswürdigkeiten – scheinbar. Denn einmal in der Woche, am Freitag, wandern und fahren Bauern und Dörfler aus dem Umland scharenweise hierher zum Wochenmarkt. Ein Erlebnis! Frisch geerntetes Gemüse wird ausgebreitet und aufgetürmt, dazu Obst und Oliven – alles prunkt in bunten Farben, die Feldfrüchte genauso wie die Kleider der Frauen. Touristische Besucher finden sich hier nur als kleine Minderheit ein. Einige haben wohl eine Ferienwohnung in der Nähe, decken sich mit Lebensmitteln ein. Früher wurde das bunte Marktschauspiel unter freiem Himmel veranstaltet, neuerdings hat man sich ein großes Dach zugelegt. Getrennt vom Gemüsemarkt wird auch ein Kleidermarkt veranstaltet. Der wirkt im Vergleich aber fast farblos!

Kumluca (an der Straße nach Antalya, nahe der Abfahrt nach Olympos zur Küste hinab), im Zentrum

AKTIVITÄTEN

Göksu-Delta   ▸ S. 120, B 12

Ein lohnendes Ausflugsziel für Hobby-Ornithologen. Teile des Deltas südlich der Stadt Silifke – rund 300 km östlich von Alanya – werden landwirtschaftlich genutzt. Aber der westliche Rest mit seinen Salzseen und Salzwiesen, Dünen und Feuchtgebieten bietet Vogelvielfalt: Rund 330 von insgesamt 450 Arten, die in der Türkei heimisch sind, kann man hier kurz- oder langfristig beobachten, Geduld vorausgesetzt. Der Große Brachvogel, Rohrweihen und das immer seltenere »Brütende Purpurhuhn« finden sich ein. Beste Zeit für einen Besuch ist der Winter, die Zugvogelzeit. Zwischen April und September legen Schildkröten ihre Eier in den warmen Strandsand – bitte nicht stören!
Die Weite des Deltas vorm offenen Meer, die Vogelrufe in der Stille – das kann ein unvergessliches Erlebnis

sein. Leider ist im Göksu-Delta auch schon auf Vögel geschossen worden. Mit seinem 14 500 ha großen Gelände ist der Nationalpark zu groß und die Zahl der Wärter zu gering, um solche Attacken verlässlich zu verhindern – trotz »Ramsar-Schutzkonvention«.
Der Naturpark beginnt etwa 8 km südlich von Silifke, Anfahrt über Tasucu • Nach einem Führer und/oder einem Boot im »Information Office« fragen. Das Schutzgebiet ist zu Fuß, aber auch im Kanu zu erkunden.

Köycegiz-See und »Forellental«
▸ S. 117, D 3

Der See mit seinen Schilfkanälen ist die ruhige »Hinterstube« des touristisch hoch aktiven Fischerortes Dalyan. Schwimmer schätzen die seidige Qualität des Wassers. Fährt man vom Städtchen Köycegiz eine Viertelstunde weiter ins Land bis nach Yuvarlak Cay, ist man im »Forellental« angekommen. Das Flusswasser ist klar, die Luft unbelastet, und die Forellen, die den Gästen in mehreren Lokalen vorgesetzt werden, sind delikat und erschwinglich. Empfehlenswert: Restaurant Yesil Vadi, im oberen Tal bei Pinar Köyü • Tel. 02 52/ 2 67 03 74 • €€

Lykischer Pfad
▸ S. 117, E 4–S. 118, B 7

Wer tage-, wochen- oder auch monatelang wandern will, ohne übergroße Anstrengungen und nicht gerade im türkischen Hochgebirge, ist auf dem rund 500 km langen Lykischen Pfad (türkisch Likya Yolu) gut aufgehoben. Er zieht sich von Fethiye bis nach Antalya, meist nah der Küste.
Eine Britin, Kate Clow, seit Langem in Antalya zu Hause, zeigte den offiziellen Erschließern neuer Urlaubsideen,

Herrliche Aussichten: Der Lykische Pfad (▶ S. 18) schlängelt sich rund 500 km weit von Fethiye bis Antalya nah über dem Meer, aber auch im Hinterland

wie man Pfade und ungebahnte Wege öffnet, verbindet und – vielleicht das Wichtigste für einen Fernwanderweg! – dauerhaft markiert. Die Pfad-Markierung wurde nicht selten mutwillig entfernt – nicht jeder Bauer oder Grundherr mag Fremde auf seinem Gelände. Aber die Situation hat sich gebessert. Viele Dorfbewohner räumen den Gästen sogar ihr Schlafzimmer, praktizieren ohne Umstände die schöne, noch immer lebendige türkische Gastfreundschaft und wissen nebenbei auch die Einnahme in türkischer Lira zu schätzen. Der Wandertourismus stärkt die Landwirtschaft.

Meer und Strand sind schön. Aber wer Landschaften in ihrer Ursprünglichkeit erleben will, als Wildnis, Naturpark oder auch als Bauernland, hat auf Kate Clows Ideen schon lange gewartet, vgl. auch die nachfolgend genannte Tour.

Wo schon Paulus wanderte

▶ S. 118, B 7–S. 118, nördl. C 5

Ob es der gleiche Weg war? Reste antiker Pflasterstraßen, z. B. bei Adada auf dem Weg von Perge bei Antalya ins Hinterland zum Egirdir-See, begehen die Wanderer heute noch. Auch uralte Pfade, wie sie der Apostel Paulus unterwegs von der Küste nach Antiochia in Pisidien (heute Yalvac) um das Jahr 45 schon vorfand. Berggipfel wie der 2635 m hohe Davras sind zu ersteigen, Dörfer und Zedernwälder zu erleben, z. B. in sieben Wandertagen (mit Bustransporten).

Informationen zum Lykischen Pfad und dem Paulus-Wanderweg beim Reiseveranstalter Şerif Büyüktaş in München (Wandern, Trekking, MTB), der Kate Clow bei ihrer Arbeit unterstützt • Tel. 01 71/2 88 20 37 oder 00 90/54 29 05 38 • www.seb-tours.de

Einkaufen
Goldschmuck, Teppiche oder Antiquitäten: Beim Kauf steht man vor der Qual der Wahl, darf sich aber nach Lust und Laune Zeit nehmen. Das sinnlichste Shopping-Erlebnis bietet noch immer der Basar.

◄ Reine Handarbeit: Ein sorgfältig geknüpfter Teppich bleibt viele Jahre lang eine wertvolle Urlaubserinnerung.

Schon in Antalya bietet das Basar-Erlebnis einen Vorgeschmack auf Tausendundeine Nacht.

Wenn man mit einer Reisegesellschaft unterwegs ist, sollte man vor dem Kaufentschluss freilich wissen, dass viele Reiseleiter bei Souvenirläden unter Vertrag stehen und für jeden zugeführten Kunden Provision beziehen, die vom Verkäufer auf die Preise aufgeschlagen wird.

Basar ist nicht gleich Basar. Kenner unterscheiden den »pazar«, der wöchentlich stattfindet, vom »çarşı«, der eine ständige Einrichtung ist – und als überdachter Basar »kapalı çarşı« heißt. »Bedesten« wird ein festes, oft fensterloses Gebäude genannt, in dem die wertvolleren Objekte feilgeboten werden.

Achtung, Antiquitäten!

Grundsätzlich ist die Ausfuhr von **Antiquitäten** – das heißt von mehr als 100 Jahre alten Objekten – nicht erlaubt. Wer sie dennoch heimbringen möchte, ist gehalten, sich von der örtlichen Museumsverwaltung eine Ausfuhrerlaubnis geben zu lassen. Wenn es sich um weniger seltene Stücke handelt, bestehen durchaus Chancen. Allerdings kann es auch vorkommen, dass sich die fragliche Antiquität als Fälschung jüngsten Datums erweist!

Um Nachahmungen handelt es sich größtenteils auch bei den griechischen und römischen **Münzen**, die einem im Umkreis der archäologischen Stätten angeboten werden.

Nach alter Nomadentradition ist **Gold** eine tragbare und heute noch viel getragene Wertanlage. Originelles Design kommt einem erst neuerdings vor Augen; noch immer überwiegt bei Ringen, Halsketten und Armreifen die uniforme Machart – diese entspricht nicht immer dem europäischen Geschmack. Darum wird der Preis in der Regel auch nur nach Gewicht berechnet. 24 »ayarlı« (Karat) ist massives Gold, daneben gibt es noch 22, 20 und 18 ayarlı, der Goldgehalt wird von Händlerorganisationen auch garantiert.

Milliarden feiner Knoten

Bei **Teppichen** gilt: je dichter geknüpft oder gewebt, desto kostbarer (und auch haltbarer). Deshalb ist für den Preis des Teppichs die Zahl der Knoten ein Hauptfaktor. Von »sehr grob« bis zu »äußerst fein« wird klassifiziert, von etwa 500 bis über 5000 Knoten pro Quadratdezimeter. Normale Handelsware hat rund 1000 bis 1200 Knoten, kostbarste Seidenteppiche in den Museen oft noch mehr.

Frauen und oft auch Kinder tragen in den rund 2000 »Teppichdörfern« die Hauptlast der Arbeit, ihre Niedriglöhne ermöglichen Preise ab etwa 200 € aufwärts für einen Quadratmeter Orientteppich. Neben den Naturfasern – Schaf-, Ziegen- und Kamelwolle sowie Seide – drängen die Kunstfasern, neben den Naturfarben Farben aus der Retorte vor.

Ein neuer Trend in den Basaren setzt auf die authentischen Materialien. Liebhaber der wunderbar dekorativen Teppich- und Kelim-Tradition können darüber nur froh sein.

Empfehlenswerte Geschäfte und Märkte finden Sie bei den Orten im Kapitel ► **Unterwegs an der türkischen Südküste.**

Feste und Events
Für Touristen werden bunte Festzüge organisiert. Aber es gibt genug eigenständige Feste, vom Ringkampf bis zum Filmwettbewerb »Goldene Orange«. Fast wie daheim: St.-Nikolaus-Fest im Dezember!

◄ Theater von Aspendos (► S. 57):
Kinder sehen die Kultur-Arena als
sportliche Herausforderung…

Wohl 99 Prozent der Türken sind
Muslime. Ihre wichtigsten Feste
werden nach dem Mondkalender
gefeiert, dessen Jahr nur 354 Tage
hat. Die Termine sind deshalb von
Jahr zu Jahr unterschiedlich und
werden am besten aktuell beim
Türkischen Fremdenverkehrsamt
erfragt (► S. 108). Die muslimischen
Hauptfeste sind das Ramadanfest
und das Zuckerfest. Sie werden auch
staatlich offiziell gefeiert.

Beschneidungsfeier (Sünnet)

Das Fest wird tagelang gefeiert
wie eine Hochzeit, samt Autokorso
(mit roter Blume am Kühler), großer Festtafel, Einladungen. Je nach
Brauch werden die Jungen zwischen
dem 2. und 11. Lebensjahr beschnit-
ten, dürfen dann eine prächtige Uni-
form tragen, oft in Weiß und Gold.

Opferfest (Kurban Bayrami)

Das höchste Fest des Jahres feiert die
Wallfahrt nach Mekka, zu der die
Pilger im selben Monat aufbrechen.
Zur Erinnerung an Abrahams Opfer
schlachtet jeder, der es sich leisten
kann, ein Tier, meistens ein Schaf.
Davon wird ein Festmahl für die Fa-
milie bereitet, doch ein Drittel des
Fleisches soll stets an die Armen ge-
geben werden.

Ramadan

Die Fastenzeit zur intensiven Hin-
wendung zu Gott fordert vom Gläubigen (ausgenommen Kranke und
schwangere Frauen), einen Monat
lang zwischen Sonnenaufgang und
Sonnenuntergang nichts zu essen

und zu trinken. Abends darf dann
kräftig gespeist werden.

Zuckerfest (Seker Bayrami)

Dreitägig zum Ende der Fastenzeit.
Man besucht sich gegenseitig, Kinder verwöhnt man mit Süßigkeiten.

MAI

Internationales Yachtfestival

Regattenspektakel in Marmaris.
www.marmaris-travel.com/yacht.htm

JUNI

Aspendos Opern-Festival

Im antiken Theater. Auch Ballett.
www.antalya.de/antalyaprogramm.
htm

Kemer-Festival »Goldener Granatapfel«

Mit Ringkämpfen und Volksmusik.
www.antalya.de/waslos.htm

JULI

Manavgat-Festival

Rafting, Konzerte, Folklore.

SEPTEMBER/OKTOBER

Altın Portakal

Internationales Filmfestival »Goldene Orange« in Antalya, seit 1956.
www.altinportakal.org.tr

Internationale Marmaris-Regatta

Ende September Ausscheidungsläufe
der Gulets bei Bozburun, die Haupt-
veranstaltung der Regatta findet im
Oktober statt.
www.miyc.org/raceweek

DEZEMBER

Internationales St.-Nikolaus-Fest

Gedenkfeiern für den Heiligen der
katholischen Kirche in Demre/Kale.
www.kemer-tr.info/Demre-Myra.htm

Sport und Strände

Segeltörns und Tauchgänge sind das eine, und die gecharterte Jacht kann zum Höhepunkt des Urlaubsglücks werden. Dazu kommen Reiten, Rafting, Wandern, Paragliding und beste Golfplätze.

◄ Zum Abheben schön: Hoch über der Bucht von Ölüdeniz (▶ S. 46) ist Paragliding ein ganz besonderes Erlebnis.

Auf ihre Strände entlang der Südküste lässt die Türkei nichts kommen. Wo das Gebirge nicht unmittelbar aus dem Meer aufsteigt, bestätigen »Blaue Flaggen« die Pflege der Sandstrände und die Qualität des Wassers. Wir haben nicht nachgezählt, doch 2008 soll das Gütesiegel 235-mal vergeben worden sein!

Wer sein Tauchzeug zu Hause gelassen hat, kann sich bei vielen Anbietern mit dem Nötigen versorgen und natürlich auch Tauchkurse belegen. Oder statt der Unterwasserwelt Flüge über den Wellen mit dem Gleitschirm buchen. Neben Seglern, Surfern und Kanuten finden ebenso passionierte Reiter, Bergsteiger, Mountainbiker, Wanderer und sogar Skifahrer hier ihre Reviere. Regelrecht verwöhnt werden Golfer: Um die Urlaubsregion Belek östlich von Antalya zählt man mehr als ein Dutzend 18- bzw. 27-Loch-Anlagen.

BERGSTEIGEN

Die Türkei ist ein Land der Gebirge. Eines der großartigsten ist der **Taurus** (türkisch: Toros), der westlichste Zweig des Himalaja-Gürtels, der sich über fast ganz Asien erstreckt. Der Taurus ist Bergland von starker Ursprünglichkeit, mit großartigen Gipfeln und vielen bergsteigerischen Herausforderungen.

Eine dieser interessanten Herausforderungen bietet die Al Dağlar-Kette im Zentraltaurus, die sich zwischen Niğde und Adana erstreckt. Ihre höchsten Gipfel sind der Demirkazık (3756 m), der Kızılkaya (3725 m) und der Vayvay (3565 m). Die Kalk-

steinformationen sind durch Erosion verkarstet, mit unterirdischen Wasserläufen und bizarren Felsbildungen. Weiter im Westen, bei Antalya, kann z. B. von Elmalı aus das **Beydağları-Gebirge** erstiegen werden, durch das Çamçukuru-Tal zum Hauptgipfel Kızlarsıvrısı (3086 m). Vom Dorf Soğukpınar bei Kemer aus ist der Tahtalı-Gipfel (2375 m) zu erreichen.

Günstige Monate fürs Gebirge sind Juni, Juli und August, wenn die Almwiesen in schönster Vegetation stehen. Das Tourismusministerium (▶ S. 108) gibt einen Sonderprospekt »Türkei-Alpinismus« heraus, in dem Aufstiegsrouten skizziert sind.

GOLF

In **Belek**, etwa 35 km von Antalya, ist an einem über 10 km langen Strand eine gepflegte Urlaubszone mit über 30 Hotelanlagen und mehreren Golfclubs entstanden – das Golfzentrum der Türkei.
www.nationalturkey.com

PARAGLIDING

An geeignetem Gelände fehlt es nicht, aber geklagt wird bereits über monströse neue Forststraßen in den Wäldern – zur »Erschließung« der Gipfel. Eine Schule gibt es zum Beispiel in Fethiye (▶ Aventura, S. 44), ein anderes Zentrum ist Kaş.

RAFTING/KANUSPORT

Auf dem Köprüçay, dem Manavgat, dem Dim Çay, dem Dragon (bei Anamur) und dem Göksu ist Wassersport möglich, mehrere Unternehmen bieten Rafting-Expeditionen an.
Der **Köprü-Fluss** im Köprülü-Kanyon-Nationalpark (▶ S. 58) hat mit

seinen Schluchten eine der schönsten türkischen Berglandschaften geformt (seit 1973 Nationalpark). Ein Rafting-Course beginnt an der Oluk-Brücke und führt an prächtigen Wasserfällen vorbei. Leider ist der Andrang hier so heftig gewachsen, dass Hunderte von Booten unterwegs sind – die Tierwelt im Nationalpark flieht, Landschaft wird vermüllt. Der obere **Manavgat-Fluss** hat einen höheren Schwierigkeitsgrad und sollte nicht ohne ortskundigen Führer befahren werden.

Der **Drachen-Fluss** (Dragon River, bei Anamur) entspringt unterirdisch beim Dorf Sugözü, mit mehreren Geysiren, die das Wasser zeitweise 100 m hoch schleudern. Die beste Strecke – für Rafting wie für Kanus – ist etwa 10 km lang, Beginn bei Çaltıbükü.

Der **Göksu-Fluss** ist vom Ursprung im Zentraltaurus bis zu seinem Delta bei Silifke rund 260 km lang. Die empfohlene Strecke zwischen Derinçay nördlich von Mut und Değirmendere ist etwa 90 km lang, für Kanus wie für Rafting und auch für Anfänger geeignet. Das vergleichsweise breite Flussbett verengt sich zwischen den Dörfern Kışlaköyü und Kargıcak zu mehreren schmalen Cañons. Vorsicht beim Baden ist geboten, ertrank doch im Göksu-Fluss schon der deutsche Kaiser Barbarossa (▶ S. 71).

Außerdem bieten die Vorgebirge des Taurus eine Vielzahl interessanter Höhlen, von denen einige auch beleuchtet und öffentlich zugänglich sind. Passionierte Höhlenforscher erkunden z. B. seit Jahren die **Altınbeşik-Höhle** mit ihren großartigen Tropfstein-Formationen im Gebiet des Manavgat-Flusses.

REITEN

An mehreren Orten, z. B. in der Umgebung von Fethiye und Antalya, werden Pferde stunden- oder tageweise vermietet und auch Reitstunden angeboten.

SEGELN

Ein Seglerparadies ist die Küste von Marmaris bis Antalya und noch weiter östlich schon seit Langem, mit ungezählten Buchten, gut ausgebauten Häfen und Hunderten von Inseln und Inselchen. Jachten können mit oder ohne Mannschaft (»bare boat charter«) gechartert werden. Den Sonderprospekt »Blue Voyage – Yachting in Turkey« gibt es beim Staatlichen Fremdenverkehrsamt (▶ S. 108). Für die »Blaue Reise« liegen die Preise um 50 € pro Tag und Person in der Komfort-Doppelkabine (mit Vollpension). Sichere Marinas sind an der Küste von Istanbul bis Antalya eingerichtet worden: Datça, Bozburun, Marmaris, Göcek, Fethiye, Kalkan, Kaş, Finike, Kemer, Antalya und Alanya. Sie bieten alle nötigen Versorgungsanlagen, mit Überwinterungsmöglichkeiten zu günstigen Konditionen und zum Teil mit luxuriösem Restaurant- und Shopping-Komfort.

Mit dem eigenen Boot benötigt man einen Transit-Log und kann bis zu fünf Jahren in türkischen Häfen überwintern – wegen der vergleichsweise geringen Gebühren in den zahlreichen Jachthäfen eine viel genutzte Möglichkeit.

SKIFAHREN

Bedingt schneesicher ist das Skigebiet um den Ort **Saklıkent** (▶ S. 59) im Beydağları-Gebirge, rund eine Autostunde von Antalya entfernt.

SURFEN/WASSERSKI

Surfbretter kann man an vielen Stränden ausleihen, auch Surf- und Wasserski-Unterricht wird vielerorts angeboten.

TAUCHEN

Für das Tieftauchen mit Sauerstoffflaschen ist eine Genehmigung erforderlich, die man sich über das lokale Tourist Office besorgt. Zum Schutz der Reviere wird auch kontrolliert. Viele Tauchschulen, dort wird auch Ausrüstung ausgeliehen.

TENNIS

Größere Hotelanlagen und Feriendörfer haben meist Tennisplätze.

STRÄNDE

Halb- und ganztägige Bootsexkursionen zu den schönen Stränden sind Standardprogramm. Die Preise liegen zwischen 5 und 25 €, je nach Größe des Bootes, Zahl der Passagiere, Länge der Fahrstrecke und kulinarischem Angebot – ob gar keines, ob nur ein Sandwich oder frisch gegrillter Fisch mit Wein. Wer mit Freunden eine Jacht chartert, hat unbegrenzt Badebuchten-Auswahl. Und dies sind einige der besten Strände an der Südküste:

Alanya ▸ S. 119, D 8

Lange, feinsandige Strände westlich und östlich des Ortes. Besonders zu empfehlen: der Strand beim Ferienort İncekum (▸ S. 66), 19 km westlich.

Anamur ▸ S. 119, F 8

Baden unter Burgmauern: ursprünglicher Strand beiderseits der Mündung des kleinen Drachen-Flusses; Sanddünen. Einrichtungen an der Uferpromenade Anamurs (▸ S. 92).

Antalya ▸ S. 118, B 7

Stadtnah liegt der Konyaaltı-Strand, schöner ist jedoch der Lara-Strand, 9 km östlich. Landschaftlich am schönsten sind die zumeist von Feriendörfern besetzten Strände südlich bei Beldibi, Kemer, Çamyuva und Tekirova (▸ S. 53).

Golf von Kekova ▸ S. 117, F 4

Schönes Baden an den Stränden der Insel Kekova, die mit dem Schiff angefahren werden – auch mit Abholservice von Koç –, Einkehrmöglichkeit in Üçağiz (▸ S. 89).

Ölüdeniz 🔴1 ▸ S. 117, E 4

Die weltweit berühmte Bucht bei Fethiye – mit Stränden, die trotz zahlloser Besucher immer noch schön sind. Um Fethiye sind auch andere Strände empfehlenswert – fragen Sie Einheimische nach ihren persönlichen Geheimtipps (▸ S. 46).

Patara 🔴2 ▸ S. 117, E 4

Der große Dünenstrand westlich von Kalkan ist Schutzgebiet, frei von Hotelanlagen (▸ S. 51).

Sarıgerme ▸ S. 117, D 3

Mit den Stränden von Ekincik und Dalyan am Köyceğiz-See ein Bade-Areal in schönster Natur (▸ S. 41).

Side ▸ S. 118, C 7

Breit und mit ganz feinem Sand: Die Strände von Side gehören zu den meistbesuchten, die Hotelbauten grenzen zum Hinterland ab (▸ S. 67).

Yumurtalık ▸ S. 121, E 11

Östlich und westlich des kleinen Badeortes am Golf von İskenderun sind lange, unerschlossene Strände zu finden. Ebenso bei Karataş (▸ S. 80).

Im Fokus

Das weiße Wunder Pamukkale

Die spektakulären Thermalwasserbecken sind das meist-
besuchte »Naturwunder« der Türkei.

Wer vor acht, zehn Jahren in Pamukkale war und seither nicht wieder, traut
seinen Augen nicht. Da war doch eine
Straße, die fuhr man vom Dorf
direkt zwischen den weißen Sinterbecken zu den Hotels hinauf? Und wo
sind die Hotels mit den Swimmingpools, in denen man das Wasser der
Pamukkale-Therme genoss?
Dem »Baumwollschloss« oder dem
»schneeweißen Schloss«, wie der Begriff Pamukkale übersetzt heißt, ist
die wohl größte und aufwendigste
Umgestaltung zuteil geworden, der je
eine touristische Region in der Türkei
unterzogen wurde: eine Rettungsaktion für hinfällige Schönheit. Über rund
3 km ziehen sich die Steilhänge der

fast 100 m hoch gestaffelten Kalk-
felsen über dem Talboden hin, wahre
Felskaskaden, die in ihrem leuchten-
den Weiß schon bei der Anfahrt auf
das Dorf Pamukkale wie eine feenhaf-
te Fata Morgana erscheinen können.

Antike Pracht

Diese Schönheit war in akuter Gefahr.
Sie hatte Jahrtausende überdauert,
auch die Besucher der griechisch-römischen Antike, die im heilkräftigen
Thermalwasser badeten und die Stadt
Hierapolis oberhalb der Terrassen erbauten. Hierapolis, zeitweise auch Bischofssitz, verfiel im Mittelalter während der Seldschukenstürme. Die Archäologen entdeckten Hierapolis im

◀ Weiße Sinterterrassen, entstanden aus kalkhaltigen Thermalquellen – das UNESCO-Weltnaturerbe Pamukkale.

19. Jh. wieder. Noch vor 20 Jahren war Pamukkale nur ein Dörfchen mit wenigen Hotels und kaum Touristen. Dann kamen jährlich weit über eine Million Besucher. Mit der immer stärkeren Übernutzung der Thermalquellen in den Hotels und auch in der Landwirtschaft blieb für die malerisch schönen Sinterbecken zu wenig Wasser übrig. Über die strahlend weißen Steine legten sich Grauschleier. Die Naturschützer, die schon lange gewarnt hatten, bekamen in Pamukkale ausnahmsweise Recht. Moralische Unterstützung gab die UNESCO, als sie Pamukkale in die Liste des Weltnaturerbes aufnahm. Auch die Weltbank beteiligte sich an der Rettungsaktion.

Dramatische Veränderungen

Diese »Reformation«, wie es ein jugendlich enthusiastischer Tourismuschef seinen Besuchern erklärte, hat das Wesentliche erreicht. Die Straße hinauf zum antiken Stadtgelände von Hierapolis umfährt in weitem Bogen die Hänge der Sinterbecken, droben gibt es Auskunft, Parkplätze und Ticketschalter.

Sämtliche Hotels sind inzwischen geräumt und abgerissen, neue und größere beim Dorf Karahayıt etwa 3 km nordwestlich aufgebaut worden, mit großartigen Ausblicken bis zum Gebirgshorizont. Ebenso wichtig wie die Hotelumsiedlung: Ein ausgeklügeltes Steuerungssystem sorgt für eine Berieselung des Areals mit dem rund 35 Grad heißen Thermalwasser. Die Besucher können über die Terrassen gehen, ohne die Becken selbst zu betreten. Das ist nicht so aufregend wie früher, aber es gibt dem berühmten Baumwollweiß eine Chance.

Trotz Erdbeben in historischer Zeit konnten Archäologen Reste der antiken Stadt sichern: voran die Ruine des Apollon-Tempels mit einer benachbarten Grotte, dem »Plutonium«, dessen heiße Dämpfe die Geograf Strabo als lebensgefährlich beschrieb: »Jedes Lebewesen, das eintritt, findet sofort den Tod.«

Architektonisch ist die Gedächtnisstätte des Apostels Philipp am eindrucksvollsten, ein mächtiger Achteckbau wohl aus dem 5. Jh.

Anfahrt von Antalya rund 250 km auf gut ausgebauter Straße (über Korkuteli und Denizli) • www.pamukkale. gov.tr • Di–So 8.30–12 und 13.30–18 Uhr • Eintritt ca. 23 TL

AUSKUNFT
Tourist Information ▶ S. 117, E 1
Unten an der Zufahrt zu den Terrassen ein kleines Büro, auf der Höhe das Hauptbüro, ein drittes in Pamukkale. Mo–Sa 8–12 und 13–17.30 Uhr

ÜBERNACHTEN
IN PAMUKKALE ▶ S. 117, E 1
Hotel Pamukkale
Einfache Ausstattung, Terrasse, Thermalschwimmbecken, Restaurant. Pamuk Mah. Oguzkaan Cad. 5 • Buchung über »www.booking.com« • 12 Zimmer • €€

ESSEN UND TRINKEN
IN PAMUKKALE ▶ S. 117, E 1
Konak Sade
Gutes Restaurant mit herrlichem Ausblick. Man speist direkt an einem großen Wasserbecken. Atatürk Cad. Kale Mah. 23 • Tel. 2 58/2 72 20 02 • €€

Familientipps

Der Direktflug nach Dalaman oder Antalya ohne lange Transferzeiten zum Hotel kann eine schöne, erlebnisreiche Zeit des Miteinanders eröffnen. Abwechslung zum Strandleben gibt es genug.

◄ Kinderlust: Schwimmen, Schnorcheln, Buddeln … hier an einem Strand zwischen Marmaris und Datça.

Bagana Horse Club ► S. 118, B 7

Die Lust am Reiten lässt schon Sechsjährige jubeln, wenn sie im Bagana Horse Club den geräumigen Reitplatz sehen. Hoch über dem Meer bei Antalya bietet der seit Jahren bewährte Reitclub samt Hotel soliden Reitunterricht und nach Wahl geführte oder selbstständige Ausritte. Und diese wiederum wahlweise entlang den Stränden oder im grünen Berggelände, durch Schluchten, glitzernde Bäche, Pinienwälder. Übrigens: Reiterlebnisse bietet die Südküste an mehreren Ferienorten. Info bei Susanne Pape, Düzlercami, Yukarıkaraman Köyü, Antalya • Tel. 2 42/4 25 22 70 • E-Mail: info@baganahorseclub.net

Boot fahren in Dalyan ► S. 117, D 3

Abfahrt ist gewöhnlich um 10 Uhr; es geht über den **Köycegiz-See**, dann durch schilfbewachsene Kanäle zu den warmen **Quellen von Sultaniye** – ein toller Spaß, denn alle Leute bemalen sich dort von Kopf bis Fuß mit Schlamm, der den Ruf eines Schönheitsmittels hat. Nach dem Trocknen bringt ein Bad schnell wieder saubere Haut zum Vorschein! Weiter geht die Bootsfahrt zum **Schildkrötenstrand** (Iztuzu-Strand). Hier kann man im Meer baden, nur die gekennzeichneten Strandabschnitte dürfen nicht betreten werden – das sind die Ei-Ablageplätze für die geschützten Schildkröten. Dalyan • Boote: Dalyan Kooperatifi, am Kai beim Schildkrötendenkmal • Tel. 2 52/2 84 78 43 • Erwachsene 18 TL, Kinder 9 TL

Burg Anamur ► S. 119, F 8
► Touren und Ausflüge, S. 92

Damlataş Aqua Center
► S. 119, D 8

Mehrere Pools und Rutschen für feucht-fröhliches Austoben. Alanya, Ismet Hilmi Balci Caddesi • Tel. 2 42/5 12 59 44 62 • tgl. 9–18 Uhr • Eintritt ca. 18 TL, Kinder 13 TL

WUSSTEN SIE, DASS...

… es einen türkischen Eulenspiegel gibt? Über Nasreddin Hodscha kursieren viele lustige Geschichten (auch auf Deutsch an Kiosken zu haben).

Nachtausflug zur Chimära
► S. 118, A 8

Die Chimära ist ein geheimnisvolles Feuer, das aus einem Berghang nahe Olympos herauslodert – bei Dunkelheit toll zu sehen! Man steigt vom Parkplatz aus einen Weg hinauf – Taschenlampe nicht vergessen! – und kommt nach etwa 20–30 Minuten zu den Flammen am Hang und zu kleineren Feuern auf dem Gipfel. Früher glaubte man, dort am Berg lebe ein wildes Ungeheuer, eine Mischung aus Löwe, Drache und Geißbock. Ein wunderbarer Superheld auf einem geflügelten Pferd war nötig, um die Chimära zu besiegen. Der Ausflug ist etwas für Erwachsene und große Kinder, etwa ab 12 Jahren. Führer kann man im Dorf anheuern. Çıralı bei Olympos • Eintritt frei, Transport vom Dorf ca. 9 TL

Weitere Familientipps sind durch dieses Symbol gekennzeichnet.

Ein Anblick wie aus dem Bilderbuch:
Die Lagune von Ölüdeniz (▶ S. 46) gilt
als schönste Bucht der Türkei, wenn
nicht des gesamten Mittelmeerraums.

Unterwegs an der
türkischen Südküste

Eine Küste des Lichts erwartet ihre Liebhaber: zu
Strandleben und Stadtbummel, zu Bootstouren,
Cañons und Burgen – mit besten Restaurants.

Der Südwesten

Die Strände sind teils kleiner, teils noch schöner als an der Südküste von Antalya bis Alanya. Zwischen den Discos von Marmaris und dem bäuerlichen Hinterland von Fethiye gibt's Urlaub nach Wahl.

◄ Der malerische Jachthafen von Marmaris (► S. 35) ist mit über 600 Liegeplätzen der größte in der türkischen Ägäis.

Antalya und Umgebung
Der Südwesten
Der Osten
Alanya und Umgebung

Zwischen dem Südwestkap der Türkei auf der Halbinsel Datça und dem Olympos-Gebirge der Region Antalya hatten selbst die größten städtischen Siedlungen noch vor 20 Jahren nicht mehr als rund 30 000 Bewohner. Viele Menschen im Südwesten können sich noch an die Ziegenpfade erinnern, an deren Stelle inzwischen Straßen verlaufen.

Heute ist der Südwesten für viele Gäste die unübertroffen schönste Region der Türkei – wegen des Nebeneinanders von Meer und Küstengebirge, wegen der zahllosen Inseln und Buchten und so vieler freundlicher kleiner Hotels. Zugleich begegnet man in dieser großartigen Natur den steinernen Zeugnissen bis heute rätselhafter Kulturen: den Resten von Städten, die im Frühlicht europäischer Geschichte blühten.

Marmaris

► S. 117, D 3

30 000 Einwohner

Attraktiv für alle, die touristischen Betrieb von Disco bis Jachthafen nicht missen wollen. Marmaris lockt mit einer zauberhaften Bucht und viel grünem Hinterland.

Schon Admiral Nelson ankerte mit seiner Flotte in dieser Bucht. Wie eine übergroße blaue Glocke liegt sie inmitten grüner Hügel. Dort, wo sich die Glocke öffnet, schwimmen zwei Inseln im Meeresblau: die »Ziegeninsel« (**Keçi Adası**) und die »Paradiesinsel« (**Cennet Adası**). Im Ortsbereich von Marmaris, das sich über den ganzen Westteil der Bucht ausgebreitet hat, sind die schönsten Strände für Hotelgäste reserviert.

Auch die einstigen Fischerdörfer **İçmeler** und **Turunç** sind schon Hotelstädte, **Çiftlik** und **Kumlubük** folgen. Auf Halbinseln und Inseln gibt es noch ungezählte Bade- und Picknickplätze. Exkursionen führen nach **Knidos** – berühmt durch die leider verschollene Venus des Praxiteles – und nach **Rhodos**. Marmaris liegt am Übergang zur türkischen Westküste; der lang hinaus in die Ägäis gestreckte Arm der Halbinsel **Datça** ist gleichsam das Grenzzeichen.

Hier verlief in der Antike auch die Grenze zur Landschaft Karien, zu der Städte wie Halikarnassos (Bodrum), Knidos, Milet und Priene zählten. Herkunft und Sprache der Karer sind bis heute kaum entschlüsselt.

SEHENSWERTES

Burg/Marmaris Kalesi 🏛️👥

Im Mittelalter erbaut, wurde die Festung während der türkischen Eroberung von Rhodos (1522) von Süleyman dem Prächtigen vergrößert.
Tgl. 8–12 und 13–17.30 Uhr

MUSEEN

Marmaris-Museum

Kleine archäologische und ethnografische Sammlung.
In der Burg • Di–So 8–12 und 13–17 Uhr

SPAZIERGANG

Die palmengesäumte Promenade gehört landesweit zu den schönsten: Von der **Atatürk Cad.** über die autofreie **Kordon Cad.** zum Altstadt-

quartier ist man auch schon mal einen halben Nachmittag unterwegs und hat dann die Wahl, durch das Gelände des neuen **Jachthafens** zu bummeln oder durch die Basarstraßen und hinauf zur **Burg**. Tipp als Abschluss: die winzige Panorama-Bar mit Dachterrasse auf dem Stadthügel (April–Okt. tgl. 9–24 Uhr).
Dauer: 2–4 Stunden

ÜBERNACHTEN

Streckenweise sind Hotelreihen drei- und vierfach gestaffelt längs der Strände hochgezogen worden, meist mit Swimmingpool und sonstigem Komfort. Wer im Urlaub nicht so gern auf die Nachbarfassade blickt, hat dennoch gute Chancen, inner- und außerhalb von Marmaris etwas Ansprechendes zu finden.

Mares Grand Yazıcı ♟♟

Familienfreude direkt am Meer • Weitläufige Anlagen 4,5 km vom Stadtzentrum entfernt, mit viel Komfort, Kinderspielplatz.
Pamucak Merkii 64 • Tel. 2 52/ 4 55 22 00 • www.grandyazicimares. com • 431 Zimmer und Apartments, 9 Suiten • Mai–Okt. • €€€€ (all-inclusive)

Munamar Hotel ♟♟

Fünf-Sterne-Komfort • Direkt am Meer, vorzügliche Küche und bester Service.
İçmeler, Kayabal cad. 85 • Tel. 2 52/ 4 55 33 60 • www.silkroadhotels. com/munamarhotel.htm • 165 Zimmer, 15 Suiten • €€€€ (all-inclusive)

Villa Florya

Abseits des Trubels • An einem 3 km langen Strand, an dessen Ende das Gourmet-Yacht-Club-Restaurant seinen Platz hat, erwartet der Hotelier auf einem Felssporn seine Gäste. Zu Füßen der Villa Florya ein einfaches Gartenrestaurant.
Kumlubük Merkii, 20 km südl. von Marmaris • Tel. 2 52/4 76 75 53 • www.villaflorya.com • 12 Zimmer • Mai–Nov. • €€€€

Pupa Yat Hotel ♟♟

Kleinod am Meer • Außerhalb von Marmaris, mit kleinem Hotelstrand, Schwimmbecken und Garten (Palmen und Eukalyptus). Alle Zimmer haben Balkon und Meerblick. Auch im Jacht-Geschäft!
Adaagazi, 5 km südl. von Marmaris • Tel. 2 52/4 13 35 66 • www.pupa. com.tr • 20 Zimmer • €€€

ESSEN UND TRINKEN

Fellini Restaurant

Für Genießer • Ein Wohlfühl-Platz mit angenehmem italienischen Ambiente und entsprechender Küche.
Am Jachthafen, Yacht Marine 61 • Tel. 2 52/4 13 08 26 • €€€

Liman Restaurant

Spezialität Meeresfrüchte • »Hafenrestaurant« im Basar, gute Mezeler und Fischgerichte.
İsmetpaşa Caddesi 40 • Tel. 2 52/4 12 65 31 • €€€

EINKAUFEN

Der Basar in der Altstadt – zum Teil unter Baumgrün und großen Planen angenehm schattig – bietet eine große Auswahl der klassischen Touristenwaren: Lederkleidung und -taschen, Teppiche, Goldschmuck, Keramik. Eine Spezialität von Marmaris ist Honig aus der Umgebung. Die aufwendigsten Läden haben sich mit Vertretungen der internationa-

In den vielen reizvollen Restaurants an der Hafenpromenade und im historischen Zentrum von Marmaris (▶ S. 35) ist ein romantischer Abend garantiert.

len Marken im Netsel-Yachthafen etabliert (z. B. hochwertige Keramik, Damen- und Herrenmode).

Nomads

Ältere Teppiche und Kelims, dazu eine Auswahl an Keramik.
Tepe Mah. 45 Sok. 12 •
Tel. 2 52/4 13 38 13

AM ABEND

Viele Hotels, wie etwa das **Samara**, das **Aqua** und das **Grand Azur**, betreiben eigene Diskotheken.

»Bar Street«

Guter Platz zum Sehen und Gesehenwerden, direkt parallel zur Hafenfront reihen sich die Bars zu Dutzenden.

Talk of the Town

Großer Tanzschuppen.
Uzunyalı cad. • Tel. 2 52/4 12 46 59

SERVICE

AKTIVITÄTEN

Koral Tour

Organisation von Jeeptouren sowie Vermittlung von Hotelzimmern, Bus-Rundreisen, Taxi-Transfers.
Kemal Elgin Bulvarı 64/2 •
Tel. 2 52/4 12 99 48, auch in Fehiye,
Tel. 2 52/6 16 73 01 • www.koraltravel. com • eintägige Tour etwa 55 TL

Setur Yat

Diese – und ein Dutzend anderer Charter-Agenturen – bieten Jachten unterschiedlicher Größe.
Barbaros Cad. 231 •
Tel. 2 52/4 12 27 08

AUSKUNFT

Turizm Danışması/Information

İskele Meydanı 2 • Tel. 2 52/ 4 12 10 35 • www.marmarisinfo.com • April–Sept. tgl. 9–12 und 13–17, im Winter Mo–Fr 9–17.30 Uhr

VERKEHR
Fährverbindungen

Marmaris–Rhodos: im Sommer tgl. außer So (auch So, falls hinreichend Nachfrage) mit Katamaran. Fahrtdauer: ca. 1 Std., etwa 90 TL bei Rückfahrt am selben Tag, sonst mehr.

Flugverbindungen

Lufttaxilandeplatz in Kızılkaya, eine halbe Autostunde von Marmaris. Nächster Flughafen ist Dalaman, mit Busanschluss (etwa 110 km). Der Flughafen Bodrum-Milas ist ca. 150 km entfernt.

WUSSTEN SIE, DASS...

... es an der türkischen Südküste noch Unterkünfte ohne elektrisches Licht gibt? Individualisten fragen im Tourist Office nach – oder im Dorf Datça!

Ziele in der Umgebung
◎ Datça/Knidos 🏛🍴 ▶ S.116, C 3
8000 Einwohner

Südwestlich von Marmaris liegt auf einer schmalen Halbinsel der kleine Fischerort Datça, über eine sehr kurvenreiche Bergstraße erreichbar. Von Datça aus gehen morgens und mittags Boote zur antiken Hafenstadt Knidos an der Spitze der Halbinsel, die durch die knidische Venus des Praxiteles berühmt geworden war. Wenn man das Mittagsboot benutzt, sollte man eine Übernachtung in Datça einplanen. Die Bootsfahrt wird meist für eine Imbiss- und Badepause unterbrochen. In **Knidos** sind Aphrodite- und Demeter-Tempel sowie zwei Theater zu besichtigen. Knidos war ein strategisch wichtiger Platz in der Machtkonkur-

renz zwischen Athen, Sparta und den persischen Großkönigen. Toller Blick auf Meer, Halbinsel und Inseln.
Ca. 66 km westl. von Marmaris

ÜBERNACHTEN
Villa Asina

Hoch über dem Meer • Attraktives Privathotel, freundlicher Wirt.
İskele Mah. 24 Sok. No 10 Saklikoy-Datça • Tel. 2 52/7 12 04 43 • www.villaasina.com • 17 Zimmer • €€€

Villa Tokur

Deutschsprachig und komfortabel • Fünf Minuten vom Strand entfernt, mit Meerblick, Garten und Swimmingpool.
İskele Mah. • Tel. 2 52/7 12 87 28 • www.hoteltokur.com • 13 Zimmer • April–Nov. • €€€

◎ Hisarönü ▶ S.116, C 3

Die Überreste eines ionischen Tempels breiten sich auf dem Pazarlik-Hügel südlich des Ortes und der schönen Bucht mit Badestrand und Campingplatz aus. Noch weiter südlich liegt das Dorf **Bozburun**, in dem türkische Holzsegelschiffe gebaut werden.
Zu noch entlegeneren Dörfern, antiken Stätten (z.B. **Erine**, **Hydas**) und Stränden der Halbinsel Marmaris gelangt man mit dem Geländewagen.
Ca. 20 km südwestl. von Marmaris

ÜBERNACHTEN
Club Golden Key

Exklusiver Platz für Verwöhnte • Ferienanlage mit Bungalows in traditionellem Baustil.
Hisarönü 48700 • Tel. 2 52/4 36 92 30 • www.goldenkeyhotels.com.tr • 36 Zimmer • Mai–Nov. • €€€–€€€€

Dalyan   ▸ S. 117, D 3

4000 Einwohner

Vom Fischer- zum Feriendorf verwandelt hat sich das immer noch beschauliche Dalyan, zwischen seinem langen İztuzu-Strand und dem Köyceğiz-Süßwassersee gelegen.
Jeden Vormittag fährt eine bunte Flotte aus: Die Boote der rund 150 Mitglieder zählenden Schiffer-Kooperative von Dalyan bringen Hunderte von Gästen zum feinsandigen Strand von **İztuzu**. Dalyan liegt am schilfgerahmten Flusskanal, der den **Köyceğiz-See** mit dem Meer verbindet, eingebettet in einer grünen Talbreite gegenüber den Ruinen der antiken Stadt **Kaunos** (▸ S. 40). Blickt man zu den steilen Felswänden über dem Flusskanal hinauf, sieht man Grabhöhlen der Lykier, mit faszinierenden Säulen und Giebeln gestaltet. Der wunderschöne İztuzu-Strand ist rund 5 km lang und bis auf wenige Strandhütten naturbelassen.
Dalyan bietet heute über 6000 Gästebetten – und kommt ohne Großhotels aus. Sehr beliebt und heilkräftig sind die **Schwefelbäder** im Freien (39 °C), nördlich vom Ort gelegen und per Boot zu erreichen, mit Schlammbecken. Nicht nur Wassersport ist in diesem Ferienort angesagt, u. a. auch Mountainbiking, Wandern und Beachvolleyball.
Anfang der 1980er-Jahre kam Dalyan weltweit in die Presse, als Naturschützer die Brutplätze der Meeresschildkröten »Caretta Caretta« gegen ein großes Hotelprojekt verteidigten. Einer der Giganten im Tourismusgeschäft, die Firma TUI, stellte sich damals in der Frühphase des türkischen Tourismusbooms an die Spitze des Protests – zugunsten der Meeresschildkröten und gegen

die Pläne für ein 2000-Betten-Hotel am Strand nahe dem Fischerdorf Dalyan. Das war im Jahr 1987. Seither hat das ehemalige Fischerdorf großen touristischen Zulauf.

ÜBERNACHTEN

Binlik

Doppelbad: zwei Swimmingpools • Türkische Architektur, Garten mit Poolbar, Restaurant. All-inclusive.
Sulungur Sok. 50 • Tel. 2 52/ 2 84 21 48 • www.binlik.com • 67 Zimmer, davon 8 Suiten • €€€€

Asur Oteli

Attraktiv im Gartengrün • Bungalows im türkischen Landhausstil, ein Swimmingpool, am Ortsrand.
Maraş Mah. Burunucu Merkıı • Tel. 2 52/2 84 32 32 • www.asurotel.com • 34 Zimmer • Mai–Okt. • €€€

The Sandybrown Hotel

▸ grüner reisen, S. 17

ESSEN UND TRINKEN
Riverside Restaurant

Vorspeisen-König • Tafeln mit allen Sinnen – romantisch am Flussufer. Tel. 2 52/2 84 31 66 • www.dalyan riverside.com • April–Sept. • €€€

SERVICE
AUSKUNFT
Dalyan

Als »only independent website for Dalyan« stellt sich die neue Auskunfts-Website vor. Antwort auf Anfragen kommen übers Internet. www.dalyanonline.net

Ziele in der Umgebung
◎ Ekincik   ► S. 117, D 3

Eine Bucht vor Waldbergen, mit Sandstrand, einigen Feldern ums Dorf, einem Campingplatz und dem Hotel **Ekincik** in Holzbalkon-Architektur, Garten direkt am Strand (Tel. 2 52/2 66 02 03, www.hotel ekincik.com, 27 Zimmer, €€).
Per Boot von Dalyan oder mit dem Auto von Köyceğiz aus zu erreichen

ESSEN UND TRINKEN
My Marina

Kunst und Kulinarik • Der Wirt hat in schöner Waldlage nicht nur einen guten Architekten gehabt, er stellt für seine Gäste auch eine ganze Sammlung pittoresker Objekte aus. Dustin Hoffman war auch schon hier.
Tel. 2 52/2 66 02 76 • April–Okt. • €€€

◎ Kaunos ⛩⛩   ► S. 117, D 3

Eine Akropolis über einem versumpften Hafen, die Ruinen einer antiken Stadt, von der das Theater, Marktstraßen und Stadtmauerreste (teils noch aus dem 4. Jh. v. Chr.) am besten erhalten sind. Abseits vom Autoverkehr gelegen, ist dieser stimmungsvolle Ruinenort am Dalyan-Kanal unbedingt einen Besuch wert. Der Ort lag einst am Meer, ist aber heute 8 km von der Küste entfernt.
3 km nordwestl. von Dalyan

◎ Köyceğiz   ► S. 117, D 3
7000 Einwohner

Köyceğiz, die kleine Stadt am großen See, am Westrand des antiken Karien, hat noch immer den Vorzug paradiesischer Ruhe. Zeugnisse alter Kulturen überdauern in dieser arkadischen Landschaft: Felsgräber, das antike Kaunos und eine Burgruine. Und der **Köyceğiz-See** hat durch das mit jeder Flut einströmende Salzwasser und durch unterseeische Mineralquellen eine eigene Qualität. Vogelfreunde treffen mit etwas Glück die Lachseeschwalbe, den Graufischer und den Schlangenadler, die in den Schilfdickichten des Sees ihre Brutplätze haben, oder Störche in ihrer Baumkolonie. Mit seinen 5200 ha ist der Köyceğiz-See einer der größten Küstenseen Anatoliens. Auf Booten gelangt man durch Schilfkanäle nach Dalyan.
15 km nördl. von Dalyan

SEHENSWERTES
Amberbäume

Nur an wenigen Plätzen der Südküste wachsen sie noch: Amberbäume, deren Harz in der Pharma- und Parfümindustrie benutzt und zu Räucherwerk verbrannt wird. Vor allem die arabischen Staaten sind Abnehmer. Die bis zu 15 m hohen Bäume werden zur Harzgewinnung in der Rinde geritzt – mit aller Vorsicht von erfahrenen Einheimischen, um sie nicht zu schädigen.
Am westl. Seeufer

ÜBERNACHTEN

Panorama Plaza Hotel

Komfortabel • Direkt am Seeufer, nah am Dorfplatz.
Ulucami Mah. Cengiz Cad. 69 •
Tel. 2 52/2 62 37 73, Auskunft in
Deutschland Tel. 0 84 59/61 05 •
www.panorama-plaza.de •
28 Zimmer • €€€

Delta Camping

Gut geführt und ruhig • In einem idyllischen Baumpark am See gelegen, nebenan findet man ein kleines Restaurant. Es gibt auch Winterstellplätze.
Am westl. Ortsausgang

SERVICE

AUSKUNFT

Tourist Office/Turizm Danışması

Kordon Gölparkı • Tel. 2 52/
2 62 47 03 • Mo–Fr 8–17, im Sommer auch Sa und So 9.30–17.30 Uhr

◎ Sarıgerme   ▶ S. 117, D 3

Die vorzüglichen Strände haben das 30 km südlich von Köyceğiz gelegene Dorf, das mit altem Namen Osmaniye heißt, so attraktiv gemacht, dass es mittlerweile zwischen üppigen Hotels, Restaurants und Souvenirläden fast verschwunden ist. Umso besser sind die vielen Ausflugsmöglichkeiten, z. B. nach Dalyan und Fethiye. Und wer kürzeste Anfahrten zum Flughafen schätzt: Nach Dalaman sind es nur rund 12 km.

ÜBERNACHTEN

Sarıgerme Park 👫

Prämierter »Umwelt-Champion« • Gäste haben die Auswahl zwischen Hotels und »Village-Häusern« in einer 14 ha großen Gartenanlage.
Ortaca/Osmaniye • Tel. 2 52/
2 86 80 31, in Deutschland Tel.
0 84 59/61 05 • www.iberotel.com •
355 Zimmer, 20 Suiten • €€€

Ein Bootsausflug der besonderen Art: Vom Köyceğiz-See (▶ S. 40) kann man nach Dalyan (▶ S. 39) und weiter bis ans Meer fahren.

◎ **Sultaniye**   ▶ S. 117, D 3

Erst seit wenigen Jahren ist die Straße von Köyceğiz nach Ekincik asphaltiert und damit auch der kleine Thermalbadeort Sultaniye am Westufer des Sees leichter erreichbar. Zu sehen gibt es schlichte Badeanlagen, die schon von Römern der Antike angelegt, tausend Jahre später auch von Osmanen geschätzt wurden und bis heute, heißt es, gegen allerlei Leiden helfen, von der kranken Galle bis zur Depression. **Garten Eden**, ein heimeliges 10-Zimmer-Hotel, ist von der Stichstraße zu den Thermen ausgeschildert (Tel. 252/2660140, www.small-hotels.com.tr, €€).

20 km nördl. von Dalyan

Fethiye   ▶ S. 117, E 4

60 000 Einwohner
Stadtplan ▶ S. 43

Der Ort liegt an einer malerischen Bucht, am Übergang zwischen Riviera und Ägäis. Die berühmteste Bucht der Türkei, **Ölüdeniz** (▶ S. 46), ist nicht weit von Fethiye entfernt. Aber nicht allein darum ist Fethiye zu einem der meistbesuchten türkischen Touristenzentren geworden. Fethiye selbst hat keinen Badestrand, doch der **Fethiye Körfezi**, der über 30 km weite Golf südlich der Straße Dalaman–Fethiye, lockt mit Inseln, Buchten und Stränden. Bootsexkursionen sind darum eine Hauptattraktion. Beliebt ist auch der weitläufige Basar mit unerschöpflichem Angebot.

Die 1856 und noch einmal 1957 von Erdbeben verwüstete, danach wieder aufgebaute Stadt hat seit Ende der 1980er-Jahre einen kräftigen Aufschwung erlebt, bietet einen freundlichen Park am Meer und unter den pittoresken Häusern an den Hängen des Burgbergs ein Basar- und Restaurantviertel. Von den Bauten der antiken Stadt Termessos ist fast nichts erhalten geblieben, doch ist unmittelbar oberhalb des Busbahnhofs die lykische Vergangenheit imposant gegenwärtig, mit zweieinhalb Jahrtausende alten Felsengräbern.

An den Küsten und im Gebirge ist eine Vielzahl antiker Stätten zu finden. Wer an Grabmalen und griechischen Theatern nicht so sehr interessiert ist, kann großartige Berglandschaften kennenlernen. Besonders in den Sommermonaten sind die Almwiesen prächtig.

SEHENSWERTES

Akropolis   ▶ S. 43, b 3

Nur noch geringe Reste blieben von der Burg erhalten, die im 15. Jh. wohl von Johanniterrittern auf den Fundamenten einer byzantinischen Vorgängerburg erbaut worden war.

Nekropole   ▶ S. 43, c 3

Lykische Grabkammern oberhalb der Stadt. Viele Treppenstufen führen zum Tempelgrab des Amyntas mit vorgesetzten ionischen Säulen und einer riesigen Grabkammer (4. Jh. v. Chr.) sowie kleineren Grabstätten in der Nachbarschaft. Die typischen lykischen Sarkophage mit dem zeltartigen Deckel findet man auch noch im Stadtgebiet. Am Nachmittag herrschen bei den Grabfassaden besonders gute Lichtverhältnisse zum Fotografieren.

MUSEEN

Fethiye-Museum   ▶ S. 43, c 2/3

Archäologische Funde und ethnografische Abteilung.
Nördl. der Atatürk Cad. •
Di–So 8.30–17 Uhr

SPAZIERGANG

Stadtplan ▶ S. 43

Vom **Atatürk-Park** aus (mit bewachtem Parkplatz) kann man gleich über die **Atatürk Caddesi** das touristische Viertel zwischen Cumhuriyet Caddesi und Karagözler Yolu erkunden. Im kleinen Park zwischen Hafen und antikem Theater lässt das Park Çay Café den Freunden von Süßem das Wasser im Mund zusammenlaufen.

Wer gut zu Fuß ist, wandert westlich am Jachthafen und an einer kleinen Schiffswerft entlang zu der bewaldeten Halbinsel **Oyuktepe** mit dem ummauerten Gelände des **Letoonia-Ferienareals**. Dahinter ist freie Natur mit Waldgrün, das bis ans Meer reicht, und mit kleinen Badebuchten, die Jachtkapitäne gern als stille Ankerplätze wählen.

Dauer: 2–4 Stunden

ÜBERNACHTEN

Ecesaray Marina & Resort

▶ S. 43, westl. a 3

Luxushotel mit eigener Marina • Nobelherberge in einem historischen Gebäude, abgeschirmt am Meer mit Garten, extragroßem Swimmingpool und vielerlei Komfort, vom brasilianischen Marmor bis zum Wireless-Internet. Feines Restaurant, sechs Bars, Spa und Wellness. Viele Sportangebote, Paragliding.

Karagözler Mevkii 1 • Tel. 2 52/6 12 50 05 • www.ecesaray.net • 34 Zimmer und 14 Suiten, alle mit Meerblick • €€€€

© MERIAN-Kartographie

Ata Parkhotel ▸ S. 43, westl. a 3

Mit türkischem Bad • Modern und komfortabel, am Stadtrand über dem Meer. Dachrestaurant.
2 Karagöz, Fevzi Çakmak Cad. 161 • Tel. 2 52/6 12 88 90 • www.hotelata park.com • 61 Zimmer, 1 Suite • €€€

Letoonia Club und Hotel
▸ S. 43, a 1

Die ganze Halbinsel fürs Hotel • Club und Hotel in Hanglage in Tatil Köyü; mit Swimmingpools.
Paçarız Burnu • Tel. 2 52/6 14 49 69 • www.letooniaresorts.com • 111 Hotelzimmer, 495 Bungalows • April–Sept. • €€€

Su Degirmeni
▸ grüner reisen, S. 17

Daffodil ▸ S. 43, westl. a 3

Ein Ort der Ruhe • Westlich des Stadtzentrums. Mit Pool.
Fevzi Çakmak Cad. 115 • Tel. 2 52/6 14 95 95 • www.villadaffodil.com • 42 Zimmer • €€

ESSEN UND TRINKEN

Yacht Restaurant ▸ S. 43, a 3

Terrasse mit Charme • Am Wasser gelegen, mit Patio.
Yat Limanı, Çarşısı • Tel. 2 52/6 14 15 30 • www.yachthotelturkey.com • €€€

Meğri Restaurant ▸ S. 43, c 2

Wo es Touristen und Türken gefällt • Tische im Freien an alter, überwachsener Mauer. Türkische Küche.
Hamam Sok. 14 • Tel. 2 52/6 14 40 47 • €€

EINKAUFEN

Dienstags wird im Ostteil der Stadt in der Nähe des Sportstadions ein Basar 🍴 abgehalten: mit Lebensmitteln und Kleidung, aber auch Handwerksprodukten, Porzellan und Haushaltsgeräten. Teppiche und Kelims werden noch mit dorfspezifischen Mustern gefertigt.

AM ABEND

In der Altstadt gibt es viele Bars, oft mit Bauchtanz-Darbietungen. Mehrere Discos am Jachthafen.

SERVICE
AUSKUNFT

Informationen zur Orientierung in der Stadt und im Umkreis: www.fethiye-turkey.co.uk

SPORT
Aventura ▸ S. 43, südöstl. c 3

Paragliding, Rafting, Scuba Diving.
Club Belcekız Beach, Tatil Köyü Ölüdeniz • Tel. 2 52/6 17 00 77

European Diving Centre
▸ S. 43, b 3

Eine Filiale des britischen Unternehmens. Abschlussdiplome; manchmal zu große Tauchgruppen.
Fevzi Cakmak Cad. 53 • Tel. 2 52/6 14 97 71 • www.europeandiving centre.com • Tauchkurse ab 49 €, Tagesausflüge mit bis zu 3 Tauchgängen ab 55 €

VERKEHR
Flughafen ▸ S. 117, D/E 3

Nächster Flughafen ist Dalaman, etwa 55 km entfernt.

Zwölf-Insel-Tour 🍴

Sehr beliebt, oft ist ein halbes Dutzend Schiffe unterwegs.
Ab Hafen • Abfahrt Mai–Sept. tgl. um 9, 9.30 und 10 Uhr • mit Essen und mehreren Insel-Aufenthalten ca. 18 TL

Ziele in der Umgebung

◎ **Göcek** ▸ S. 117, E 3

Bescheidener Strand, aber ein gepflegter Ort mit Fischrestaurants
und Pensionen für Gäste, die es gern
ruhig haben. Günstiger Ausgangspunkt für Bootsfahrten.
20 km nordwestl. von Fethiye

◎ **Günlük/Küçük Kargı** ʈ
▸ S. 117, E 3

Waldgesäumter Badestrand mit Im-
bisskiosk, Picknick- und Camping-
möglichkeiten und den seltenen Li-
quidamber-Orientalis-Bäumen (Am-
berbäumen). Naturreservat.
21 km nordwestl. von Fethiye

◎ **Kaya Köyü** ʈ ▸ S. 117, E 4

Bis 1923 ein zumeist von Griechen
bewohntes, seither verlassenes Berg-
dorf namens Karmylassos – eine
Geisterstadt, auch zu Fuß von Fethiye oder von Ölüdeniz zu erreichen. Neuerdings siedeln sich in
ausgebesserten Häusern wieder
Kleinbauern und Imbisswirte an.
Ein Teil des Geländes wurde zum
Museumsbereich deklariert, organisierte Ausflüge werden angeboten,
auch zu Pferd. Wanderwege, streckenweise steil, führen von Kaya
Köyü durchs waldige Bergland, z. B.
zum Strand vom Ölüdeniz (▸ S. 46).
Am Fuß des Dorfhanges von Kaya
Köyü bietet ein französisch-türki-
sches Paar eine gepflegte Unterkunft:
Les Jardins de Levissi, eine 4-Zim-
mer-Villa inmitten einer weiten
Parklandschaft. Die Eigner bieten
auch Mahlzeiten an (Fethiye, Kuyu-
başı Mevkii Kaya Köyü, PK 195, Tel.
2 52/6 18 01 88, €€€). Unter den
Restaurants sehr beliebt: das **Kaya-
Wine-House** (Tel. 2 52/6 18 04 54,
www.kayawinehouse.com, €€€).
8 km südl. von Fethiye (Dolmuş-Ver-
bindung)

Eine »Geisterstadt« ist aus dem Dornröschenschlaf erwacht: Kaya Köyü (▸ S. 45),
lange Zeit vom Tourismus unbemerkt, ist eine Art lebendiges Freilichtmuseum.

MERIAN-Tipp 3

OLYMPOS MOUNTAIN LODGE

In 800–1000 m Höhe ist die Luft auch sommers angenehm frisch, das Meer um Phaselis und Olympos in ca. 20 Min. Fahrt erreichbar, das Dorf Beycik mit mehreren Restaurants auch rasch zu Fuß. Mit Swimmingpool, Frühstücksterrasse und exzellentem Ausblick aufs Olympos-Gebirge.
Beycik Köyü • Tel. 2 42/8 16 12 46 • www.olympos-mountain-lodge.com • 6 Zimmer • €€€

◎ **Ölüdeniz** 🛑 👫 ▸ S. 117, E 4

Nur sehr früh am Morgen ist man hier mit der Natur allein – aber auch der organisierte Badebetrieb hat den Zauber dieser von bewaldeten Felsen umsäumten Meeresbucht nicht gebrochen. Sie wurde zum Naturschutzgebiet erklärt, Hotelneubauten sind seit Jahren nicht mehr erlaubt (jedoch im benachbarten Ort **Belcekız**).

Zum nördlichen Strand ist eine Eintrittsgebühr zu zahlen, es werden auch Liegen und Erfrischungen angeboten. Am südlichen Strand gibt es eine Campingmöglichkeit, Surfbrett- und Bootsverleih, Paragliding und Wasserski.
10 km südl. von Fethiye

ÜBERNACHTEN

Club Hotel Meri

Beste Adresse am Ölüdeniz • Terrassen mit Lift, Gärten, eigener Strand, all-inclusive.
Ölüdeniz-Fethiye • Tel. 2 52/6 17 00 01 • www.hotelmeri.com • 94 Zimmer • April–Okt. • €€€€

Nicholas Park Hotel

Am Nobel-Pool • Türkisches Bad, Billard und angenehm grünes Ambiente hoch über dem Meer.
Hısarönü Köy • Tel. 2 52/6 16 63 53 • www.nicholashotel.com • 48 Zimmer, 36 Apartments • €€

SERVICE

SPORT

Paragliding

Tonos Beach Club, Çarşe Cad. Skysports • Tel. 2 52/6 17 05 11 • www.skysports-turkey.com

◎ **Pınara** ▸ S. 117, E 4

In wildromantischer Felsenlandschaft und nur über eine raue Serpentinen-Piste erreichbar liegt die Ruinenstadt Pınara. Das Theater und das reliefgeschmückte »Königsgrab«, vor allem aber die 450 m hoch aufragende Steilwand mit über hundert heute unzugänglichen Grabhöhlen sind unvergessliche Eindrücke. Das Alter dieser lykischen, später griechischen Stadt ist bis heute ungeklärt.
Minare Köyü, 45 km südöstl. von Fethiye

◎ **Tlos** ▸ S. 117, F 4

Antike Ruinenstadt an steilem Berghang, mit lykischen, griechischen, römischen und osmanischen Bauten. Sehenswerte Gräber im Haus- und Tempelstil.
30 km östl. von Fethiye, beim Dorf Valeköy

ESSEN UND TRINKEN

Toros Park

Urige Baum-Bar • Waldgaststätte wenige Autominuten von Tlos, am Forellenbach. Sehr schöner Platz!
Yaka Köyü • Tel. 2 52/6 34 03 35 • €€

Kaş
▶ S. 117, F 4

5000 Einwohner

Stadtplan ▶ S. 49

Zwei Perlen am Saum der Südküste: das Städtchen Kaş und seine kleine Schwester **Kalkan**. Sommers wird's in den Gassen oft eng – kommen Sie außerhalb der Saison!

Auch Kaş, unter einem mächtigen, macchiabewachsenen Gebirgshang gelegen, hat seine antike Vergangenheit. Holz aus dem Taurus und Schwämme wurden exportiert. Der Fischerort des 20. Jh. blühte im Zeichen des Tourismus auf, obwohl es direkt beim Ort keine langen Strände gibt. Die Bucht mit der vorgelagerten griechischen Insel **Kastellorizon** (türkisch **Meis**) ist schön und hat sehr sauberes Wasser. Drei weitere Attraktionen dieser Küstenlandschaft sind das westlich gelegene Kalkan, der Strand von Patara und die Inselwelt von Kekova.

SEHENSWERTES

Blaue Grotte 👥   ▶ S. 49, westl. a 1

Eine der reizvollsten Meereshöhlen mit schönen Lichteffekten. Beste Zeit für einen Besuch: zwischen 10 und 12 Uhr.

Felsgräber und Sarkophage
▶ S. 49, a 1/2, c 1/2

In die Felswand nördlich der Stadt sind Grabkammern gehauen, die zum Teil leicht zugänglich sind, eine davon mit lykischer und lateinischer Inschrift. Das sogenannte Dorische Grab mit einem Relieffries tanzender Gestalten in der Grabkammer befindet sich nordöstlich vom Theater. Der prächtigste lykische Sarkophag steht auf einem Podest am oberen Ende der Uzunçarşı Caddesi.

Theater   ▶ S. 49, a 3

Im 1. Jh. n. Chr. erbaut, im 3. Jh. erweitert, über einer Stützmauer. Das

Auf einem abgerundeten Gipfel gelegen und von einer mächtigen Akropolis gekrönt: die Felsennekropole Pınara (▶ S. 46).

Theater hat 26 Sitzreihen. Prachtvoll weiter Ausblick bis zur Insel Meis. Programmanfragen bei der Tourist-Information (▶ S. 49).
Am westl. Ortsrand, über dem Meer

SPAZIERGANG

Stadtplan ▶ S. 49

Klein genug, dass niemand sich verläuft, hat Kaş doch einen Hauptplatz mit Atatürk-Denkmal und einen Hafen mit vielen Jachten. Von diesem Hauptplatz, dem **Cumhuriyet Meydanı**, geht man rechts die **Uzunçarşı Caddesi** hinauf, sieht Häuser mit typischen Holzbalkonen und am Ende der Straße einen großen kilikischen Sarkophag. Leder-, Juwelier- und jederlei Souvenirgeschäfte konkurrieren dicht an dicht – erst wenn man ein Stück weiter nördlich parallel zur Uzunçarşı Caddesi zurückwandert, kommt man auf den **Marktplatz**, wo es außer Obst und Gemüse auch Läden für Einheimische gibt. Von dort ist man rasch wieder beim Cumhuriyet Meydanı.
Dauer: 1–2 Stunden

ÜBERNACHTEN

Hera Hotel ▶ S. 49, östl. c 3

Über der Stadt • Großzügige Architektur im neuen Hotelareal mit Swimmingpool, Türkischem Bad, Sauna, Fitnesscenter, Bars und privatem Meerbad. Halbpension.
Küçük Çakil Mevkii • Tel. 2 42/ 8 36 30 62 • www.oxyhotels.com • 40 Zimmer, 4 Juniorsuiten, 2 Suiten • €€€

Club Arpia ▶ S. 49, westl. a 2

Fernblick vom Schönsten • Auf der Halbinsel westlich der Stadt, mit eigenem Strand, Pool und Terrasse.

Çukurbağ Peninsula • Tel. 2 42/ 8 36 26 42 • E-Mail: arpia@bougain villea-tuerkei.com • 21 Zimmer • €€

Nur Otel ▶ S. 49, östl. c 3

Klein und fein • Freundliches Haus nur 50 m vom Kiesstrand, schöne begrünte Terrasse.
Küçük Çakıl Mah. • Tel. 2 42/ 8 36 18 28 • www.nurbeachhotel. com • 22 Zimmer und 8 Apartments • Mitte März–Mitte Dez. • €

Kaş Camping ▶ S. 49, westl. a 3

Beim Amphitheater, Hastane cad. 3. • Tel. 2 42/8 36 10 50 • www.kascamping.com • €

ESSEN UND TRINKEN

Eriş Restaurant ▶ S. 49, c 2

Stimmungsvolle Weinlauberterrasse • Schöner Altstadtplatz. Seit 1955.
Uzunçarşı cad. Gürsoy Sok. 13 • Tel. 2 42/8 36 10 57 • €€

Mercan Restaurant ▶ S. 49, c 2

Lange Tradition • Nicht nur gutes Essen, auch für Stimmung wird gesorgt: Der Wirt bietet seinen Gästen mit unerschütterlicher guter Laune Entertainment, während das Lamm am Spieß gebraten wird.
Cumhuriyet Meydanı, am Jachthafen • Tel. 2 42/8 36 12 09 • www.mercankas.net • €€

EINKAUFEN

Magic Orient ▶ S. 49, c 2

Erlesen schöne Teppiche und Kelims. Hükümet Cad.

SERVICE

AUSKUNFT

Tourist-Information ▶ S. 49, c 2

Cumhuriyet Meydanı 5 • Tel. 2 42/8 36 12 38

REISEBÜRO

Koçlar Turizm, Yasin Koç

▶ S. 49, östl. c 3

Die Agentur organisiert Aufenthalte in Kaş und Umgebung. Besonderes Angebot: die »Blaue Reise«.
Andifli Mahale, Hükümet Cad. 25 • Tel. 2 42/8 36 36 90 und 8 36 37 43 • Hauptsaison 8.30–24, Nebensaison bis 21 Uhr • www.koclar-travel-kas. com, www.blauereise.turkei.com

Prenses Tur/Dolce Vita Travel

▶ S. 49, b/c 2

Cumhuriyet Meydanı • Tel. 2 42/ 8 36 16 10 • www.dolcevitatravel.org

VERKEHR

Der Flughafentransfer nach Dalaman dauert mit dem Bus ca. 3, mit dem Taxi rund 2 Std.; die Überfahrt mit dem Boot zur Insel Meis/ Kastellorizon kostet ca. 90 TL.

Ziele in der Umgebung

◎ Demre (Kale, Myra) 👫

▶ S. 118, A 8

15 000 Einwohner

Bei der modernen Provinzstadt Demre liegt das antike Myra, berühmt durch den Bischof Nikolaus, der hier im 4. Jh. lebte. Die möglicherweise von ihm errichtete Basilika wurde mehrmals restauriert. Bischof Nikolaus von Myra wurde mit einem gleichnamigen Bischof von Pınara zum Vorbild des weltweit beliebten heiligen Nikolaus.
37 km östl. von Kaş

◎ Kalkan

▶ S. 117, F 4

2000 Einwohner

Obstgärten an den Berghängen über dem Ort, steile Gassen, Blick auf felsige Bergflanken – das Wunschbild eines mediterranen Hafenortes.
25 km westl. von Kaş

© MERIAN-Kartographie

Typisch für das Hafenstädtchen Kaş (▶ S. 47) sind diese traditionellen Holzbalkone, die man bei einem Bummel durch die Altstadt häufig sieht.

ÜBERNACHTEN

Villa Mahal

Boutique-Hotel, preisgekrönt • Modern, hell, mit Dachrestaurant hoch über dem Meer und weitem Ausblick. P.O. Box 507960, Kalkan • Tel. 2 42/8 44 32 68 • www.villamahal.com • 13 Zimmer • €€€€

Pırat Hotel

Oberhalb vom Hafen • Wer zeitgemäßen Komfort sucht, findet ihn in dem postmodernen Hotelareal. Yalı Boyu Mah. • Tel. 2 42/8 44 31 78 • www.hotelpirat.com • 126 Zimmer und 10 Suiten • €€–€€€

ESSEN UND TRINKEN

Mehrere Restaurants mit schönstem Ausblick befinden sich am Jachthafen und oberhalb davon.

Belgin's Kitchen ¶¶

Stilvoll orientalisch • Nettes Dachrestaurant im Gebäude einer alten Olivenpresse. 3 Nolu Sok., Yalı Boyu 1 • Tel. 2 42/8 44 36 14 • www.kalkan.org.tr • €€

Akın Restaurant

Familiäre Atmosphäre • Türkische und internationale Küche.

Yalı Boyu Mah. • Tel. 2 42/8 44 30 25 • 12 Zimmer • €

EINKAUFEN

In Kalkan gibt es ungewöhnlich viele Silberschmiede, auch mit eigenen Entwürfen. Empfehlenswert:

Halit Ada – Just Silver

Yalıboyu Mah. 28; zweiter Laden ein Stück die Straße hinauf

SERVICE

REISEBÜRO

Armes Travel

Yaliboyu Mahale am Hafen, mit viel Erfahrung.

Tel. 2 42/8 44 34 68

◎ Kaputaş-Strand ▸ S. 117, F 4

Am Ausgang eines schmalen Cañons direkt unter der am Berghang geführten Hauptstraße liegt ein kleiner, sehr schöner Strand (über eine Treppe zugänglich). Noch etwas östlich davon: die »Blaue Grotte« (▸ S. 47), die nur mit dem Boot oder schwimmend zu erreichen ist (sehr steiler Abstieg).

22 km westl. von Kaş

◎ Kekova ▸ S. 117, F 4

Die Insel ist ein beliebtes Ausflugsziel (▸ S. 89).

30 km westl. von Kaş

◎ Letoon ▸ S. 117, E 4

Die Tempel, errichtet zu Ehren der Götter Leto, Artemis und Apoll, sind stimmungsvolle Ruinen. Der Römer Ovid erzählt den Mythos, hier sei Leto von Hirten daran gehindert worden, ihre Kinder in klarem Wasser zu baden, und sie habe die Dörfler darum in Frösche verwandelt.

Ca. 37 km nordwestl. von Kaş

◎ Patara ♀♂ ▸ S. 117, E 4

Durch ein Flusstal mit sandüberwehten griechisch-römischen Ruinen kommt man an den **schönsten Strand 2** der Türkei: breit, feinsandig, kilometerlang und – als Schutzgebiet! – ganz ohne Hotelbauten. Achtung am Strand – auf Schildkröten Rücksicht nehmen!

Archäologisches Gelände (auch der direkte Zugang zum Strand) Mai–Okt. 8–19.30, Nov.–April 8–17.30 Uhr

33 km westl. von Kaş

WUSSTEN SIE, DASS...

... eine Art Mini-Saurier bei Patara gesichtet wird – das aus Afrika eingewanderte, stachelige Hardoun, bis zu 40 cm lang?

ÜBERNACHTEN

Golden Pension

Älteste Pension Pataras • Mitten im Ort, sehr freundlich, mit Garten, Frühstücksterrasse und Dachrestaurant, 2 km vom Strand (morgens Shuttle-Bus). Flughafen-Transfer.

Tel. 2 42/8 43 51 62 • www.pataragoldenpension.com • 14 Zimmer • €€

◎ Xanthos ▸ S. 117, E 4

1988 wurden Xanthos und der heilige Bezirk Latona (Letoon, ▸ S. 51) zum Weltkulturerbe erklärt. Besonders interessant ist das »Harpyiengrab«. Schlauchbootfahrten auf dem Xanthos-Fluss (Eşen Çay) zum Patara-Strand.

65 km nordwestl. von Kaş, bei Kınık

Antalya und Umgebung
Seinen Charme hat Antalya nicht eingebüßt, trotz immensen Touristenbooms. Doch lockt das Hinterland zum Gebirge hin mehr und mehr Besucher, die Ruhe und Natur suchen.

◄ Die Ruinen von Perge (▶ S. 59) – hier das hellenistische Stadttor – sind alt, früheste Funde noch Jahrtausende älter.

Antalya und
Umgebung
Der
Südwesten
Alanya und
Umgebung
Der
Osten

Antalya ▶ S. 118, B 7

1 000 000 Einwohner

Stadtplan ▶ Klappe hinten

Großes ist gelungen in den vergangenen 30 Jahren. Antalyas Altstadt (**Kaleiçi**) wurde vor Verfall und Kahlschlag-Sanierung bewahrt, der Industriehafen nach auswärts verlagert, an den langen Stränden südlich und östlich der Stadt entstanden neue Ferienzentren, am Flughafen neue Start- und Landebahnen und im Hinterland drei attraktive Nationalparks. An der weiten Bucht tritt das bis zu 3000 m aufsteigende Taurusgebirge von der Küste zurück, unter schneebedeckten Gipfeln erstreckt sich die grüne Ebene Pamphyliens.

Manche Idylle von gestern ist dem »South Antalya Project«, diesem größten touristischen Entwicklungsprojekt der Türkei, zum Opfer gefallen. Doch Kemal Atatürks Antalya-Lob »Ohne Zweifel die schönste Stadt der Welt!« ist immer noch geblieben, was es schon in den 1930er-Jahren war: eine nur geringfügige Übertreibung.

Für anatolische Verhältnisse ist Antalya eine junge Stadt: Erst 158 v. Chr. trat König Attalos von Pergamon als ihr Gründer auf, Attaleia – so hieß Antalya damals – wurde als Hafen benötigt. Doch hier siedelten Menschen schon Jahrtausende vor dem pergamenischen König; Steinzeit-Jäger hinterließen schon vor 160 000 Jahren Spuren in den Karain-Höhlen. 130 n. Chr. kam Kaiser Hadrian zu Besuch. Das zu seinen Ehren errichtete Tor steht noch heute.

Als wichtiger Hafenplatz wurde die Stadt von Arabern angegriffen und von Kreuzfahrern zur Einschiffung in Richtung Palästina benutzt.

Im Jahre 1207 konnte der seldschukische Sultan Keyhusrev I. Antalya erobern. Nach den Seldschuken herrschte die Dynastie der Hamidoğlu-Emire von Eğirdir – und von 1391 bis 1918, für mehr als ein halbes Jahrtausend, hatten die Osmanen-Gouverneure die Macht inne.

Im Jahr 2005 zählte Antalya rund 677 000 Einwohner (Mitte der 1960er-Jahre erst 50 000). Der drastische Wachstumsschub in den letzten fünf Jahrzehnten hat den Herzraum der Stadt allerdings erstaunlich wenig verändert; Neubauviertel drängen ins Hinterland.

WUSSTEN SIE, DASS...

... es in der Türkei noch immer als unanständig gilt, wenn man sich in Gegenwart anderer Menschen hörbar die Nase schnäuzt?

Vom Konyaaltı-Strand im Westen bis zum Karaalioğlu-Park südlich der Hafenbucht zeigt Antalya das Lächeln einer Ferienmetropole. Nicht umsonst scheint die Sonne über den Palmenalleen und Oleanderbüschen an 300 Tagen im Jahr. Wer Badeurlaub machen will, quartiert sich am besten östlich der Stadt am Lara-Strand ein – oder in den Nachbarorten zwischen Kemer und Belek. Antalya empfiehlt sich zudem als günstig gelegenes Standquartier für Ausflüge.

SEHENSWERTES

Hadrians-Tor ▸ Klappe hinten, f 3

Dreibogiges Ehrentor mit korinthischen Säulen, anlässlich des Kaiserbesuchs im Jahre 130 n. Chr. erbaut – man erahnt den einstigen Reichtum der antiken Stadt und sieht zugleich das heute 2 bis 3 m höhere Straßenniveau.
Atatürk Cad.

Hıdırlık Kulesi ▸ Klappe hinten, e 4

Der 14 m hohe zweistöckige Turm wurde im 2. Jh. vermutlich als Leuchtturm erbaut.
Südöstl. vom Hafen im Parkgelände

Kesik Minare ▸ Klappe hinten, e 3

Das »abgeschnittene Minarett« war ursprünglich eine byzantinische Kirche, errichtet im 5. Jh., die im 13. Jh. in eine Moschee umgewandelt wurde.
Kebabçi Sok.

Murat Paşa Camii ▸ Klappe hinten, e 1

Eine Moschee aus dem 16. Jh. mit schönem Kachelschmuck.
Kazim Özalp Cad.

Yivli Minare ▸ Klappe hinten, e 2

Das »kannelierte Minarett«, vom Seldschukensultan Alâ üd-Din Keykubat 1219 bis 1238 erbaut, ist heute Wahrzeichen der Stadt. Benachbart: **Karatay Medrese** (Koranschule) und die **Pyramide**, die als Mausoleum des Zincirkıran Mehmed Bey 1250 erbaut wurde (Ausstellungen).
Tgl. 8–12 und 13.30–17 Uhr

MUSEEN

Antalya-Museum 🔺3 ▸ Klappe hinten, a 3

Eine der bedeutendsten und umfangreichsten archäologischen Sammlungen der Türkei – von der Steinzeit bis in die römische Antike, dazu Ikonen

Unbedingt sehenswert: Das Antalya-Museum (▸ S. 54) ist berühmt für seine Sammlung hellenistischer Skulpturen. Eine Besonderheit ist die Abteilung speziell für Kinder.

und Osmanisches – bietet sich nach jüngster Umgestaltung noch attraktiver dar. Unter anderem mit interaktiver Beleuchtung und Kaisersaal, samt neuen Funden, z. B. aus Perge. Besonders stolz ist das Museum auf eine Heraklesfigur, die einst illegal ans New Yorker Metropolitan Museum verkauft, aber 1994 zurückgegeben wurde.
Am Westende des Konyaaltı Bulvarı • Di–So 9–19, Nov.–März 8–17 Uhr

Kaleiçi-Museum

▸ Klappe hinten, e/f 3

Stadtmuseum in vorbildlich restaurierten Gebäuden, darunter eine ehemalige orthodoxe Kirche, mit historisch-ethnografischen Sammlungen (Keramik, Münzen, Waffen), Kaffeehaus- und Hochzeitsszenen. Zum Museum gehören außerdem das »Research Institute on Mediterranean Civilisations«, Museumsladen und Cafeteria.
Barbaros Mah., Kocatepe Sok. 25 • tgl. 9–12 und 13–18 Uhr

SPAZIERGANG

Stadtplan ▸ Klappe hinten

Verabreden Sie sich mit Ihren Freunden auf der schönsten **Teeterrasse** der Türkei: über dem Felsenhalbrund des alten Hafens. Vorbei am **Atatürk-Denkmal** und dem lachsroten **Yivli Minare** (»kanneliertes Minarett«) gelangt man über die Kreuzung Cumhuriyet Cad./Kazim Özalp Cad. in den **Basar**. Südlich über die Atatürk Cad. erreicht man alternativ das **Hadrians-Tor**. Von dort lohnt ein Bummel durch die Altstadt – und zum Abschluss noch ein Abstecher südlich zu den Teegärten im **Karaalioğlu-Park**.
Dauer: 2–5 Stunden

ÜBERNACHTEN

Die Auswahl ist enorm gewachsen. Statt der Fünf-Sterne-Hotels (**Dedeman**, **Falez**, **Sheraton**, **Talya** u. a.) und vieler touristischer Quartiere draußen am Lara-Strand finden Sie hier Adressen in der Altstadt – ruhig gelegen und gut geeignet, von hier aus Antalya kennenzulernen.

Aspen Oteli ▸ Klappe hinten, e 3

Nostalgischer Charme • Altstadthotel mit Pool und gepflegtem Restaurant, Parkplatz.
Mermerli Sok. 25, Kaleiçi/Antalya • Tel. 2 42/2 47 05 90 • www.aspen hotel.com.tr • 36 Zimmer, 3 Junior-Suiten, 1 Suite • €€€

Tütav Türk Evi Otelleri

▸ Klappe hinten, e 3

Schönste Altstadtlage • Entstanden aus drei osmanischen Häusern mit Altstadt-Ausblick, Schwimmbecken.
Mermerli Sok. 2, Kaleiçi/Anatalya • Tel. 2 42/2 48 65 91 • www.turkevi otelleri.com • 20 Zimmer • €€€

Bagana Horse Club   ▶ S. 118, B 7

Gartenambiente • Acht klimatisierte Bungalows für Reiter/-innen mit Restaurant, nah bei Termessos. Düzler çamimerki Karaman Köy • Tel. 2 42/4 25 20 44 • www.baganahorseclub.net • €€

Sibel Pansiyon   ▶ Klappe hinten, e 3

Ruhig und freundlich • In der Altstadt, mit Klimaanlage und Garten. Fırın Sok. Nr. 30 (Kesik Minare Civarı) • Tel. 2 42/2 41 13 16 • www.sibel pansiyon.com/ing • 9 Zimmer • jüngst mit dem Nachbarhaus verdoppelt • €€

ESSEN UND TRINKEN

Eine große Auswahl an Restaurants, oft mit Garten gibt es in der Altstadt Kaleiçi! Dort veranstalten die Wirte oft Feste.

Yedi Mehmet

▶ Klappe hinten, westl. a 3

Kreative Spitzenküche • Typisch türkisch, mit langer Tradition am Konyaaltı-Strand gelegen, wo in den 1990er-Jahren ein neues Stadtviertel wuchs. Hasan Subası Kültür Parkı, Konyaaltı Cad. • Tel. 2 42/2 38 52 00 • 12–24 Uhr • €€€

Arkadaş   ▶ S. 118, A 7

Forellen aus eigener Zucht • Ausflugslokal bei den Düden-Wasserfällen (▶ Touren und Ausflüge, S. 91). Sutguler Cad., 5632 Sok. • Tel. 2 42/3 61 01 65 • www.arkadasalabalik.com • €€

EINKAUFEN

Das Gassenlabyrinth gegenüber vom Uhrturm lohnt noch immer den Besuch, auch wegen des ehemaligen Hamams, in das mittlerweile zahlreiche Nobelläden eingezogen sind. Textilien und Lederwaren bieten die Geschäfte an der Cumhuriyet Cad., der Atatürk Cad. und am Konyaaltı Bulvarı. Beliebte Mitbringsel sind auch eingelegte Früchte und Konfitüren.

AM ABEND

Abendlicher Treffpunkt ist der Jachthafen mit seinen Restaurants, Bars und Discos. Im Kulturzentrum oberhalb vom Konyaaltı-Strand werden Konzerte und Theateraufführungen veranstaltet.

Kültür Sinema/Kino

▶ Klappe hinten, f 3

Ausländische Filme, oft in der Originalsprache mit türkischen Untertiteln. Atatürk Cad. • Tel. 2 42/2 41 62 39

SERVICE
AKTIVITÄTEN
Türkisches Bad ▶ Klappe hinten, c 1

Demirhan, Anafartalar Cad. • Tel. 2 42/2 43 61 96 • tgl. etwa ab 7 Uhr bis gegen Mitternacht

AUSKUNFT
Tourist Information

▶ Klappe hinten, d 2/3

– Cumhuriyet mah. Özel Idare ish. Alti 2 • Tel. 2 42/5 13 12 40
– Selçuk mah. Mermerli sk. Kaleiçi • Tel. 2 42/2 47 05 41 und 2 47 62 98 • tgl. 8–19, im Winter 8–17 Uhr

REISEBÜRO
Maki Tour Turizm

▶ Klappe hinten, e 3

Uzunçarşı Sok. 16B (südl. vom Uhrturm) • Tel. 2 42/2 41 45 41 • www.makitar.com.tr

VERKEHR
Busbahnhof (Otogar)
> ▶ Klappe hinten, nordwestl. c 1

Im Norden Antalyas, für Fernverbindungen; vom Zentrum mit Bussen oder per Taxi zu erreichen.
Anadolu Kavşağı • Tel. 2 42/3 31 12 50

Flughafen

Drei Terminals, davon zwei international, einer national.
Tel. 2 42/3 30 30 30 und 3 30 32 30

Turkish Airlines (THY)
> ▶ Klappe hinten, d 2/3

Cumhuriyet Cad., Özel İdare İşhanı •
Tel. 2 42/2 43 43 81-82

Ziele in der Umgebung
◎ **Aspendos (Belkis)**
> ▶ S. 118, C 7

Das besterhaltene Theater der Antike westlich von Syrien – mit 30 m hoher Wand des Bühnengebäudes, Arkaden über den 40 Sitzreihen und noch erkennbar durchbohrten Blöcken zur Befestigung von Sonnensegeln (erbaut im 2. Jh.). Außerdem Reste u. a. einer Markthalle, eines Stadions und eines kilometerlangen Aquädukts. Am schönsten war das Theater von Aspendos bei Aufführungen der sommerlichen Festspiele, bei Konzerten und neuerdings auch bei großen Opern zu erleben (Aspendos Opera & Ballet Festival, Mitte Juni–Anfang Juli).
Heute finden musikalische Events hier nur noch bei deutlich niedrigen Phon-Werten statt. Die Veranstalter brachten so extreme Lautstärken in die antiken Mauern, dass eben diese Mauern einzustürzen drohten. Das wird neuerdings vermieden – mit einem Neubau im nötigen Abstand, der »Gloria Aspendos Arena«. Auch

---

MERIAN-Tipp ⬟ 5

CLUB ARMA ▶ Klappe hinten, e 3
Wenn man sich mal verwöhnen möchte: das Feinschmeckerrestaurant und die Edeldisco (früher: Club 29) haben sich in den Mauern einer einstigen Karawanserei schick etabliert, benachbart der »schönsten Teeterrasse« der Türkei (▶ Spaziergang, S. 55). Auf der Karte stehen Meeresfrüchte, Octopus-Carpaccio, türkische und internationale Küche.
Antalya, Yatlimani 42 • Tel. 02 42/ 2 44 97 10 • www.clubarma.com • €€€ • Eintritt zur Disco etwa 15 TL

---

wenn das Säulenrund der Vorhalle etwas dicklich geriet, Musik und Mond sind wieder großes Erlebnis!
51 km östl. von Antalya

◎ **Belek** ▶ S. 118, B 7
2600 Einwohner
Mit mehreren Fünf-Sterne-Hotels und großen Clubanlagen, mit Pinienhainen und einem kilometerlangen, flach abfallenden Sandstrand ist binnen weniger Jahre das neue Ferienzentrum Belek entstanden. Der Ort bietet bereits acht Golfplätze bzw. Golfclubs.
49 km östl. von Antalya

◎ **Büyük und Küçük Çaltıcak** 👫 ▶ S. 118, B 7
Badestrände unterhalb der Küstenstraße und der bewaldeten Berge des Olympos-Massivs, ohne Hotelbebauung, aber mit Picknickeinrichtung, ebenso wie der der Stadt nähere Topcam-Steinstrand.
16 km südwestl. von Antalya

◎ Karain-Höhlen ▸ S. 118, B 7

Dreiteiliges Höhlensystem mit interessanten Knochenfunden von tierischen und menschlichen Skeletten. Seit 1946 im Fokus der Archäologen (▸ S. 91).

25 km nordöstl. von Antalya

◎ Kemer ▸ S. 118, B 8

Über hundert Hotels, davon etliche in der Fünf-Sterne-Kategorie, Feriendörfer, Campingplätze, Pensionen und noch immer neue Baustellen – das ist Kemer. Kein Fischerdorf wie noch zu Anfang der 1980er-Jahre, sondern ein Ort für Urlauber. Auf einer schmalen Landzunge ist der **Yörük-Park** zu besichtigen, ein Nomadenlager mit Hochzeitsnacht-Zelt und Nomaden-Drinks. Jüngeren Datums ist der Trekkingpfad vom Dorf Beycik westlich von Kemer auf den über 2366 m hohen Tahtalı Dağı. Leider legte man mitten im Nationalpark eine kilometerlange Schneise an – für eine Seilbahn zum winterlichen Skibetrieb. Lange Strände und viele touristische Einrichtungen bieten die südlichen Nachbarorte **Çamyuva** und **Tekirova** und nördlich **Beldibi**.

42 km südwestl. von Antalya

ÜBERNACHTEN
Türkiz Beach Park Hotel

Thalasso-Zentrum und mehr • Beste Lage an der Marina, viel Komfort. Yalı Cad. 3 • Tel. 2 42/8 14 41 00 • www.turkiz.com.tr • 154 Zimmer • ♿ • €€

◎ Köprülü-Kanyon-Nationalpark ♟ ▸ S. 118, B/C 6

14 km lang und bis zu 100 m tief ist die Schlucht des Köprü-Flusses unter dem Dedegöl-Gebirge (bis 2992 m hoch). Rafting ist möglich. Der 1973 gegründete Nationalpark

River-Rafting, hier auf dem Köprü-Fluss (▸ S. 58), gehört seit einiger Zeit auch an der türkischen Südküste zu den beliebtesten sportlichen Aktivitäten.

mit einer Fläche von 366 qkm soll den Fluss, aber auch die Flora und Fauna schützen. Zwei Brücken über den Köprü und die Ruinen der Stadt **Selge** (beim Dorf **Altınkaya**) stammen noch aus der Antike. Im 3. und 4. Jh. n. Chr. zählte die Stadt wohl rund 15 000 Einwohner – etwa 10 000 hatten Platz im Theater in der Unterstadt, als Ruinen sind auch zwei Tempel, Stadtmauer und Stadion erhalten. Wer den Bosburun Dağı (2504 m) ersteigen möchte, braucht 5–6 Stunden vom Dorf Altınkaya Köyü aus.

75 km nordöstl. von Antalya

◎ **Olympos** ‼↑   ▶ S. 118, A 8

Wunderschönes Waldtal am Rande des großen **Olimpos Beydağları Sahil Milli Parkı** (Olympos-Nationalpark) mit romantisch überwachsenen Ruinen der antiken Stadt, die bis nahe an die kilometerlangen Çıralı-Strand reicht. Über einen Fußweg von Çıralı zu erreichen: die **Chimära** (▶ Familientipps, S. 31). Im benachbarten Dorf **Çıralı** gibt es viele Quartiere, z. B. das Familienhotel **Yavuz-Motel** mit Garten, nahe am Strand (Tel. 2 42/8 83 11 79, www. yavuzmotel.com, €€).

75 km südwestl. von Antalya

◎ **Perge**   ▶ S. 118, B 7

Interessantes Ruinengelände der wohl von griechischen Kolonisten im Zuge der Ionischen Wanderung im 12., 11. oder 10. Jh. v. Chr gegründeten Stadt: Agora, Kolonnadenstraße, Läden, doppeltürmiges Tor. Außerhalb der Stadttore: das in römischer Zeit umgebaute Theater, das etwa 10 000 Zuschauer fasste.

Tgl. 9–19.30, im Winter bis 17.30 Uhr

18 km nordöstl. von Antalya

MERIAN-Tipp ✦ 6

PENSION DOSTLAR EVI
▶ S. 118, A 8

Am Rande des Dorfes Çıralı hat Mevlüt – Fischer, Koch und Gastgeber – mit seiner jungen Familie drei freundliche Gasthäuser mit Garten, Fahrrädern, Außenbord-Boot, Spielen und Büchern eingerichtet. Auch Klimaanlage, Kelims und solide Mückengitter fehlen nicht. 500 m zum Meer.

Çıralı • Buchung über SebTours in München • Tel. 0 89/54 29 05 38 • 5 Apartments • €€

◎ **Phaselis** ‼↑   ▶ S. 118, A 8

Antike Hafenstadt mit erhaltenem Theater, Agora, Thermen, Aquädukt und Sarkophagen auf bewaldeter Halbinsel. Griechische Besiedlung um 690 v. Chr., später ägyptische und römische Herrschaft. Gute Bademöglichkeit.

Archäologischer Bezirk: tgl. 7.30–19 Uhr, im Winter verkürzt

64 km westl. von Antalya

◎ **Saklıkent**   ▶ S. 118, A 7

Von Januar bis April ist Skisaison: auf 2000 bis 2200 m Höhe im Beydağları-Gebiet, mit Hotels, Pensionen, Motel. Ausflüge werden von Antalya aus organisiert. Wenn es auch nur zwei Lifte gibt, bietet Saklıkent doch konkurrenzlos Skilauf zur Abwechslung vom Strandleben.

50 km westl. von Antalya

◎ **Termessos**   ▶ S. 118, A 7

Antike Bergfeste auf 1050 m Höhe (▶ S. 90).

34 km nordwestl. von Antalya

Alanya und Umgebung
Malerisch thront der Burgfelsen über den zum Meer hin gestaffelten Hotels und über den Basaren mit Dutzenden von Goldläden. Spannende Ausflugsziele warten im Hinterland.

◀ Schlicht monumental: Der Rote Turm (▶ S. 62) von Alanya, einst ein Wachturm, erstrahlt im Abendlicht.

Antalya und Umgebung
Der Südwesten
Der Osten
Alanya und Umgebung

Alanya bietet superlange Strände, wirkt mit seinen breiten Palmenboulevards modern und ist auch ein Zentrum des Goldschmuckhandels. Doch außerhalb der Stadt und weiter hinaus zum kilikischen Gebirge wartet Ursprüngliches: Gebirgstäler und Flüsse, eine seldschukische Karawanserei, Macchia-Hänge und mediterranes Hirtenland.

Alanya ▶ S. 119, D 8

134 000 Einwohner
Stadtplan ▶ S. 63

Am Fuß des stattlichen Burgbergs vor dem Massiv des Ak Dağı gelegen, wurde Alanya im Lauf der letzten 40 Jahre zu einem der attraktivsten Touristenziele – mit rund 50 km Strand im Umkreis.
Seit 1970 vergrößerte sich die Einwohnerzahl und auch die Zahl der Hotelbetten (mittlerweile rund 100 000) und dementsprechend der Gäste (fast 7 Mio. Übernachtungen) rapide. Die Stadtverwaltung hat vor Kurzem stolz veröffentlicht, dass Alanya mehr als 7 % aller touristischen Einnahmen der Türkei verbucht. Die meisten Hotels sind durch die Straße Antalya–Mersin vom Meer getrennt, es gibt jedoch auch Häuser mit direkter Strandlage. Im Winter bleiben mittlerweile immer mehr Hotels geöffnet.
Den Charme des Ortes macht das Vorgebirge mit subtropischem Grün um die Ruinen der seldschukischen Burg aus – ein Drei-Sterne-Platz für Küstenpanoramen, malerische Sonnenuntergänge und nächtliche Weinrunden im Mondlicht.

Östlich der Stadt bietet sich die wildromantische Berglandschaft Kilikiens zu Ausflügen abseits der Touristenströme an.
Ein Piratennest stand am Anfang der Stadtgeschichte, Korakesion, das um 67 v. Chr. von der römischen Flotte unter Pompejus ausgehoben wurde. Auf dem steilen Vorgebirge lösten sich Römer, Byzantiner, Araber und Armenier in der Herrschaft ab, bis 1221 mit dem Seldschukensultan Alâ üd-Din Keykubad I. (1220–1237) die türkische Ära begann.

SEHENSWERTES

Burg 👣👣 ▶ S. 63, a 4

Die seldschukischen Befestigungsanlagen reichen vom Hafen bis zur **İç Kale**, der oberen Festung, mit mächtigen Bruchsteinmauern und Bastionen, mit weiten Höfen, Kasematten und tiefer Zisterne. Um die Burg erstreckt sich ein dörfliches Oliven- und Obstgartengelände, mit der **Süleymaniye-Moschee** und kleinen Cafés. Ihren Namen hat die Moschee von Sultan Suleyman II., »dem Prächtigen«, der die ursprünglich 1231 erbaute Moschee im 16. Jh. nach Zerstörungen erneuern ließ.
Tgl. 8.30–17.30 Uhr

Damlataş-Höhle ▶ S. 63, westl. a 3

In der feuchtwarmen Tropfsteingrotte nahe beim Kleopatra-Strand sind Tausende von Stalaktiten und eine hohe Kuppel zu bewundern.
An der Westseite des Burghügels • im Sommer tgl. ca. 10–19, sonst bis 17 Uhr • Bootstouren ab Hafen

Roter Turm/Kızıl Kule ▸ S. 63, a 4

Mit 33 m Höhe, bei einem Durchmesser von 29 m, wirkt dieses interessanteste Bauwerk Alanyas erst einmal wuchtig und abweisend. Im Innern wird beim Aufstieg über urtümlich steile Steintreppen aber auch klar, wie variantenreich der – vermutlich arabische – Architekt das achteckige Bauwerk im Jahr 1226 angelegt hat: Jedes Stockwerk ist anders. Bauherr war der rum-seldschukische Sultan Alâ üd-Din Keykubad. Der Turm wurde in den 1950er-Jahren restauriert.
Am Hafen • tgl. 9–18.30 Uhr

Werft/Tersane ▸ S. 63, a-b 4

Seldschukische Schiffswerften, schon 1227 erbaut, sind südlich vom Roten Turm erhalten: zum Meer hin offene Galerien, die aus dem Felsen gemeißelt wurden und durch Gewölbe miteinander verbunden sind.

MUSEEN

Alanya-Museum 👥
▸ S. 63, westl. a 2

Mit archäologischer und ethnografischer Abteilung. Interessant sind u. a. die Dokumentationen von Ausgrabungen, eine vorzügliche Herakles-Bronzestatue aus dem 2. Jh. und das Diorama einer traditionellen Alanya-Hochzeit. Kinder freuen sich am Museumsbesuch, wenn sie im Gras des Skulpturengartens unversehens auf eine Schildkröte oder stolzierende Pfauen treffen.
Nahe Tourismus-Amt • Di–So 9–12 und 13–18.30 Uhr

Atatürk-Museum ▸ S. 63, a 1

Erinnerungen an Atatürk, der hier 1935 offizieller Gast war. Vor allem ist das Haus aber interessant als Beispiel bürgerlichen Wohnens in den 1930er-Jahren.
Kadıpaşa Cad., Gücüoğlu Sok. (im Stadtteil Kadıpaşa) •
Di–So 8–12 und 13–17 Uhr

Ethnografisches Museum 👥
▸ S. 63, a 4

Zu den folkloristischen Objekten (Waffen, Teppiche, Haushaltsgeräte, Kostüme aus osmanischer Zeit) sind Tafeln mit Gedichten des türkischen Poeten Yunus Emre ausgestellt (in türkischer und englischer Sprache). Kostprobe: »Kommt, lasst uns einmal alle Freunde sein, / Lasst uns das Leben leicht machen für uns, / Lasst uns Liebende und Geliebte sein. / Die Erde soll nicht einem überlassen bleiben.«
Yunus Emre lebte von 1240/41 bis 1321.
Im Roten Turm, am Hafen •
Di–So 8–12 und 13.30–17.30 Uhr

SPAZIERGANG

Stadtplan ▸ S. 63

An der Hafenpromenade mit ihren Palmen und weitem Panoramablick hat man zu allen Tageszeiten – nur nicht in sommerlicher Mittagshitze – ein schönes Alanya-Erlebnis. Wenn man den Spaziergang beim Café Alanya an der Ahmet Asım Tokuş Cad. beginnt, kommt man durch einen kleinen Park am Gebäude der Stadtverwaltung (Belediye) vorbei. Dieser kubische Bau nimmt in eigenständig moderner Architektur Formen des mittelalterlichen **Roten Turms** am anderen Ende der Hafenpromenade wieder auf. Einer der besten Plätze für eine Erfrischungspause: das »İskele«, mit Bar und Restaurant beim Roten Turm, unmittelbar am Kai (Harbour Street,

Tel. 242/5110304, €€€). Dahinter gelangt man zu den Zypern-Fähren und Kreuzfahrtschiffen und zu den seldschukischen Schiffswerften (Tersane), kann aber auch beim Roten Turm die **İskele Caddesi** hinauf und ins touristische Basarviertel gehen. Auch Bungeespringen, Kutschfahrten und Kamelritte werden angeboten.
Dauer: 2–3 Stunden

ÜBERNACHTEN

Güneş Hotel ▶ S. 63, östl. c 2

Strandlage • Mit Restaurant. Keykubat Cad. 57 • Tel. 242/5 11 95 95 und 5 11 95 99 • www.gunes hotels.com • 68 Zimmer • €€€

Maritim Hotel Club Alantur ⛄⛄

▶ S. 63, östl. c 2

Alle Zimmer mit Meerblick • Direkt am Strand. Gärten, viel Komfort.

Dimçayı Mevkii, Messia Yok,
7 km östl. vom Zentrum •
Tel. 2 42/5 18 17 40 •
www.alantur.com • 350 Zimmer •
♿ • €€€ (all-inclusive)

Bedesten Club Hotel ⭐⭐

▶ S. 63, a 4

Weit und breit einzigartig • In einer
alten Karawanserei auf dem Burgberg, ruhig und stilvoll, mit Swimmingpool. Reizvoller Innenhof.
İç Kale • Tel. 2 42/5 12 12 34 •
30 Zimmer • März–Mitte Nov. • €€

Palmiye Hotel   ▶ S. 63, westl. a 3

Familiär, freundlich • Direkt am be-
liebten Kleopatra-Strand westlich
vom Zentrum. In der Nachbarschaft
Restaurant mit Terrasse.
Saray Mah. Atatürk Cad. 171 •
Tel. 2 42/5 13 18 93 • www.palmiye
beachhotel.com • 59 Zimmer • März–
Mitte Nov. • €€

ESSEN UND TRINKEN

Bellman Bistro   ▶ S. 63, a 4

Treffpunkt an der Promenade • »Big
Club« an der Iskele Cad., freier Eintritt. Drinks kosten umgerechnet
zwischen 3,50 und 5 €.
Tel. 2 42/5 12 19 92 • €€€

Hisar Restaurant und Café

▶ S. 63, südl. b 4

Volle Fernsicht • Von den überdachten Terrassentischen bietet sich ein
exzellenter Blick über die östliche
Bucht und das Gebirge.
Kaleyolu Hisariçi 81 (Panoramastraße
zur Burg) • Tel. 2 42/5 12 01 53 • €€€

Güven Restoran   ▶ S. 63, b 2

Gut und gemütlich • In schlichtem
Ambiente schmackhafte türkische
Küche (nicht nur Kebap!), Fisch und
Meeresfrüchte.
Atatürk Cad. 3, östl. der Post •
Tel. 2 42/5 13 64 65 • So geschl. • €€

Spiel der Farben und Düfte auf dem Gemüsemarkt in Manavgat (▶ MERIAN-Tipp,
S. 67): Hier ist nichts in Plastik verpackt – man darf auch mal kosten!

EINKAUFEN

Rund 400 (!) Juweliergeschäfte konkurrieren in Alanya um die Gunst ihrer Kunden, viele davon gehören einer Vereinigung für Qualitätsgarantie an. Im Einkaufsviertel zwischen Atatürk Caddesi und Gazipaşa Caddesi wird auch Kunsthandwerk aus Keramik, Leder und Silber angeboten. Manches stammt aus den Dörfern im Umkreis, vor allem Teppiche und Kelims. Eine Alanya-Spezialität ist der Baumwollstoff Bürümcük.

Shopping Center Damlataş
▶ S. 63, westl. a 2

Ladenzeilen um einen großen Innenhof nahe dem Tourismus-Amt.

İç Kale
▶ S. 63, a 4

In der Oberstadt um die seldschukische Burg werden bestickte Tücher, Kleider und Tischdecken angeboten. Wer sie nicht käuflich erwerben möchte, muss es deutlich sagen.

AM ABEND

Beliebter Treffpunkt sind die Teegärten, Dachterrassen und Cafés zwischen Hafen und Belediye. Viele Discos finden sich in **Dim Çay**, östlich der Stadt.

SERVICE
AKTIVITÄTEN
Beyları Hamam
▶ S. 63, a 3

Ein traditionell ausgestattetes Bad. Bostanupinarı Cad. (nah bei der Moschee) • tgl. ab etwa 7 Uhr bis gegen Mitternacht

Bootsfahrten 👥👥

Zu den nur vom Wasser aus erreichbaren Höhlen **Korsanlar Mağarası** (Piratenhöhle), **Aşıklar Mağarası**

MERIAN-Tipp 7

RESTAURANT YAKAMOZ
▶ S. 63, a 3

Der schöne Blick über die Hafenbucht macht dem Namen Ehre, denn Yakamoz bedeutet »Meeresleuchten«. Der vor einiger Zeit neu terrassierte Gartenbereich hat die Aussicht noch gesteigert, und zumal bei Vollmond ist der Abend köstlich. Die türkische Küche ist's auch tagsüber. Der Wirt und sein Bruder sprechen Deutsch.
Alanya, Iskele Caddesi 89 • Tel. 90 24/25 12 23 03 • €

(Liebeshöhle) und **Fosforlu Mağara** (Phosphorhöhle) fahren Boote, die man mieten kann.
Abfahrt am Hafen • Preis pro Person und Stunde ca. 20 TL, ganztägige Bootsausflüge zu Picknick- und Badeplätzen mit Mahlzeit ab 45 TL

Sport

Wassersport wird im **Hotel Grand Kaptan** groß geschrieben: Ausbildung für Wasserski und Parasailing. 4 km östlich vom Zentrum, mit einem Tunnel unter der Straße mit dem Strand verbunden. 2007/2008 komplett renoviert.
Iskele Cad., Oba Göl Merkii • Tel. 2 42/5 14 01 01 • www.kaptan hotels.com • 272 Zimmer • €€€ (all-inclusive und à la carte)

AUSKUNFT
Turizm Danışması/Information Office
▶ S. 63, westl. a 2

Damlataş Cad. • Tel. 2 42/5 13 12 40 • www.alanya.com.tr/de • Mo–Sa 8.30–17.30 Uhr (im Winter verkürzt)

Weitere Auskünfte erhält man in der **Belediye** (Rathaus) und bei der **Alanya Promotional Tourist Association (ALTAV)**.
Atatürk Cad., Şen apt., Nr. 51/6 • Tel. 2 42/5 11 76 21 • tgl. 8.30–17.30 Uhr

Am Meer ragen die Säulen des Apollotempels in Side (▸ S. 67) gen Himmel.

VERKEHR

Busbahnhof　　　▸ S. 63, westl. a 2

Regelmäßige Verbindungen zu zahlreichen Städten und zur Burg Anamur (▸ S. 92).
An der Straße nach Antalya, 3 km vom Stadtzentrum

Fährverkehr

Fähren nach Nord-Zypern benötigen für die Fahrt etwa 3–4 Stunden.

Fergun Shipping Cooperation
　　　　　　　　　▸ S. 63, b 4

Verbindungen auch nach Anamur.
İskele Cad. • Tel. 2 42/5 11 55 65 •

Preis für die Überfahrt nach und Rückfahrt von Girne/Nordzypern 110 TL, zzgl. Hafen- und Abreisesteuer 25 TL

Ziele in der Umgebung
◎ Alara Karawanserei
　　　　　　　　　▸ S. 119, D 7

Die seldschukische Karawanserei wurde um 1232 erbaut. Durch einen Felstunnel ist auch die Burg zu ersteigen (400 Stufen, für Geübte).
30 km westl. von Alanya

◎ Anamur　　　　▸ S. 119, F 8

Die größte Burg an der türkischen Südküste, »Mamure Kalesi« genannt (▸ S. 92).
130 km südöstl. von Alanya

◎ Aytap (Iotape)　　▸ S. 119, E 8

Antike und mittelalterliche Ruinen liegen inmitten von Macchia und Bananenterrassen, auf der Kaphöhe gibt es ein Restaurant, in der Felsbucht einen schönen kleinen Strand.
35 km östl. von Alanya

SEHENSWERTES

Dim Mağarasi 👣

Seit 1998 geöffnet, ist die Dim-Höhle hoch über dem Dim-Fluss (▸ MERIAN-Tipp, S. 15) mit ihren hervorragend erhaltenen, schneeweißen bis rotbraunen Tropfsteinen eine der schönsten der Türkei: 360 m lang, mit Hallen, Gängen, Treppen und kleinem unterirdischen See.
Abzweigung von der Hauptstraße Alanya–Silifke • tgl. 9–18.30 Uhr
20 km östl. von Alanya

◎ İncekum　　　　▸ S. 119, D 7

Rasch wachsender Badeort mit vielen Hotels und Feriendörfern. Lange Strände, Waldpark.
40 km westl. von Alanya

Side ▸ S. 118, C 7

18 000 Einwohner

In der weiten Bucht westlich und östlich des Ortes erstrecken sich Sandstrände, die zu den schönsten der Südküste gehören. Zusammen mit Manavgat werden etwa 65 000 Betten angeboten, die Zahl der Übernachtungen erreicht schon 10 Mio. Der ehemalige kleine Fischerort beim großartigen antiken **Theater** für 17 500 Zuschauer ist heute voll von Souvenirshops und im Sommer von 14 bis 1 Uhr für den Autoverkehr gesperrt. In Side finden sich aber noch heute kleine Pensionen – und an den Stränden Hotels jeder Größe mit allem Komfort.

Ein lohnender Spaziergang: vom Hafen südlich über das Gelände des **Athena-** und des **Apollotempels** an den Resten einer byzantinischen Basilika vorbei und am Ufer entlang, dann landeinwärts zum Theater, römischen Stadttor und **Museum**. Vom Theater aus hat man einen tollen Blick über die Bucht.

Auch in der Antike war Side (deutsch: »Granatapfel«) eine reiche Stadt, um 1000 v. Chr. von Griechen besiedelt, später berüchtigt wegen der Zusammenarbeit mit kilikischen Seeräubern und dem Verkauf von Sklaven auf dem Markt.

MUSEEN

Side-Museum

In ehemaligen römischen Bädern. Di–So 8–12 und 13.30–17.30 Uhr

ÜBERNACHTEN

Hanımeli Pansiyon

Nah dem Meer • Ruhige Familienpension mit Garten. Turgut Reis Cad. 35 • Tel. 2 42/ 7 53 11 00 • 14 Zimmer • €€

MERIAN-Tipp **8**

MARKTTAG IN MANAVGAT
▸ S. 118, C 7

Nach einer kurzen Dolmus-Fahrt ist man vom touristischen Sammelplatz Side rasch im »Hinterland«. An den überdachten Marktständen des großen Basars geht's türkischer und noch viel bunter zu als in Side. Montag ist Markttag! Vielerlei Essbares wird angeboten, aber auch Kleidung, Haushaltsgerät und mehr.

Manavgat, im Zentrum • Mo
7 km östl. von Side

Onur Pansiyon

Für Altstadt-Entdecker • Mit Garten, ruhig gelegen. Tel. 2 42/7 53 23 28 • www.onur-pansiyon.com • €€

SERVICE
AUSKUNFT
Tourist Information
Side Yolu Üzeri • Tel. 2 42/7 53 12 65

Ziel in der Umgebung
◎ **Manavgat** ▸ S. 118, C 7

40 000 Einwohner

Die Stadt wird wegen der Wasserfälle (Şelale) des Manavgat Çayı viel besucht. Empfehlenswert: Ausflug mit Bus und Boot zum hochgelegenen Manavgat-Stausee und dem Cañon dahinter (Veranstalter: Baba Boot, Stand in der Mitte des Orts **Titreyengöl**, Tel. 2 42/2 64 73 60). 7 km östl. von Side

EINKAUFEN
Markttag in Manavgat
▸ MERIAN-Tipp, S. 67

Der Osten Es lohnt, auf schnellen Straßen für wenige Tage zu Städten wie Silifke, Adana und – nahe Syrien – Antakya zu fahren. Zu erleben ist die Türkei hier (fast) ohne Touristen, bunt, aber auch modern.

◀ Türkischer Superlativ: Innenraum der im Jahr 1998 eröffneten Moschee Merkez Camii (▶ S. 74) in Adana.

Großartige Panoramastraßen über der Küste des östlichen Mittelmeers, Burgen, urtümliche Basare und modernste Hotels, seit einigen Jahren auch die größte Moschee der Türkei, Spuren der Hethiter und Alexanders des Großen – der Osten ist eine Region der großen Maßstäbe in Raum und Zeit, erfüllt mit dem Erbe vielfältiger Vergangenheiten.

In der Gegenwart geht es um Erdölleitungen aus dem Irak zum Mittelmeer, um neue Autobahnen – und um neue Infrastrukturen für den Tourismus.

Silifke   ▶ S. 120, A/B 12

80 000 Einwohner
Stadtplan ▶ S. 71

Urlaubstage in Silifke versprechen ein anderes, ursprünglicheres Erlebnis als die Küsten um Antalya und Alanya. Auf der rund 250 km langen Strecke von den Hotels und Feriendörfern um Alanya bis nach Silifke liegt nur der alte Ort **Anamur** mit seiner imposanten Burg, aber keine einzige größere Stadt.

Das »raue Kilikien« heißt diese dramatisch gebirgige Landschaft, die reich ist an Tropfsteinhöhlen und Cañons, an griechisch-römischen Fundstätten, mittelalterlichen Kastellen und – was wenig bekannt ist – an Zeugnissen der frühen Christenheit. Silifke, eine mittelgroße Stadt an den Ufern des Göksu-Flusses, steht wirtschaftlich im Schatten des viel jüngeren Mersin. Baden kann man an den Stränden von **Taşucu** und weiter östlich in der schönen Landschaft um **Kızkalesi**

(»Mädchenburg«). Die Sandstrände erstrecken sich weit bis nach **Mersin**, doch ist der Streifen zwischen Meer und Straße einer ungebremsten Bauwut zum Opfer gefallen.

Man trifft hier viel weniger Türken, mit denen man Englisch sprechen kann. Aber wenn es Sprachprobleme gibt, wird immer jemand herbeigerufen, der helfen kann, auf dem Markt oder an den archäologischen Stätten im Umkreis der Stadt, zwischen der Meeresküste und der Gebirgslandschaft Kilikiens, die noch großartige Zeugnisse der hellenistischen Zeit, aber auch Spuren des frühen Christentums bewahren. Silifke ist ein idealer Ausgangspunkt für Besichtigungen in der Umgebung.

Stichworte aus der Geschichte: Antonius schenkte Kilikien der Kleopatra, der Apostel Paulus zog hier durch, und anno 1190 ertrank Kaiser Barbarossa im Göksu-Tal.

Wanderern bietet es heute über dem tief eingeschnittenen Flussbett schönstes Waldgrün (Wegezustand im Information Office erkunden!)

SEHENSWERTES
Burg/Silifke Kalesi 👣👣
▶ S. 71, westl. a 2

Der imposante Mauerring mit 23 Türmen umschließt ein Trümmerfeld, in dem noch Ruinen des Palastes und einer Moschee zu erkennen sind. Auf byzantinischen Fundamenten erbaut und zuletzt im 13. Jh. erweitert, sollte die Burg die Straße nach Konya sichern. Großartiger Ausblick; gut erkennbar sind auch die noch erhaltenen byzantinischen

Antalya und Umgebung
Der Südwesten   Alanya und Umgebung   Der Osten

Zisternen südlich vom Göksu-Fluss. Mit angeschlossenem Restaurant. Vogelfreunde können sich im Burggelände auf Begegnungen mit Blaumerle und Samtkopfgrasmücke freuen.

MUSEEN

Silifke-Museum ▸ S. 71, östl. c 2

Sehr schönes antikes Glas und feiner Goldschmuck sowie der erst 1980 entdeckte Münzschatz von Meydancıkkale bei Gülnar sind die Hauptattraktionen. Die Burg von Meydancık liegt östlich von Anamur, ca. 40 km landeinwärts.
An der Straße nach Antalya •
Di–So 8–12 und 13–17 Uhr

SPAZIERGANG

Stadtplan ▸ S. 71

Vom Tourist Office kommt man über die im Kern römische **Göksu-Brücke** in die älteren Stadtbezirke südlich des Flusses. In Richtung auf die **İnönü Caddesi** viel Basar-Geschäftigkeit. Dies ist das eigentliche Silifke-Erlebnis! Hinauf zur **Burg** oder hinaus zum **Museum** nimmt man lieber das Auto.
Dauer: 2–3 Stunden

ÜBERNACHTEN

Altınorfoz Hotel ▸ S. 71, südl. c 2

Eigene Bucht • Ferienanlage in Felslandschaft, mit Restaurants, Bars, Pool. Direkter Zugang zum Meer.
Atakent Susanoğlu • Tel. 3 24/
7 22 42 11 • www.altinorfoz.com •
112 Zimmer • €€€

Ayatekla ▸ S. 71, c 2

Erneuert • Hotel mit Klimaanlage, Satellitenfernsehen, Bar und Disco.
Saray Mah., nahe beim Busbahnhof •
Tel. 3 24/7 15 10 81 • 24 Zimmer • €€

Göksu Hotel ▸ S. 71, b 1

Direkt am Göksu-Fluss • Zentral, schöne Restaurantterrasse.
Göksu Mahallesi, Atatürk Caddesi 20 •
Tel. 3 24/7 12 10 21 • www.mersin otelleri.com • 25 Zimmer • €€

ESSEN UND TRINKEN

İz Lezzet Dünyası Restaurant
▸ S. 71, c 2

Gemütlich und traditionell • Freundliche Atmosphäre, gutes Essen.
Gegenüber dem Busbahnhof •
Tel. 3 24/7 14 20 41 • So geschl. • €

EINKAUFEN

Basar jeden Freitag in den Straßen nördlich vom Tourist Office.

SERVICE

AUSKUNFT

Information Office – Silifke Turizm Danışması Müdürlüğü
▸ S. 71, b 1

V. G. Bozbey Cad. 6 • Tel. 3 24/
7 14 11 51 • www.visitmergin.com, www.silifke-bld.gov.tr • Mo–Fr 8–12 und 13–17 Uhr

Ziele in der Umgebung

◎ **Akkum** ▸ S. 120, B 12

Kleiner Badeort um eine Badebucht, mit vielen Pensionen (empfehlenswert z. B. Kökler Pension, Tel. 3 24/
7 23 32 14, 15 Zimmer, €).
15 km nordöstl. von Silifke

◎ **Alahan-Kloster** ▸ S. 119, F 7

Seine Lage am Südhang eines Felsgrates auf ca. 1200 m Höhe ist spektakulär: Nach steilen Serpentinen einer neu ausgebauten Straße öffnet sich ein traumhaft schöner, weiter Ausblick von einer Bergterrasse. Dort entstanden neben viel älteren Wohnhöhlen auch frühbyzantinische Kirchenbauten. Als stattliche, gut erhaltene Ruinen beeindrucken vor allem das Baptisterium (Taufkirche), die Kirche der Evangelisten und die Ostkirche, die in Teilen aus dem 5. Jh. stammt. Ein gemauertes Taufbecken in Kreuzform und Engel blieben bestehen.

95 km nördl. von Silifke

◎ Ayatekla ▶ S. 120, A 12

Bei den zerstörten Nekropolen (Totenstätten) der antiken Stadt Seleukia am Kalykadnos stehen Reste einer byzantinischen Basilika und eine Zisterne aus dem 5. und 6. Jh. Vor allem die Höhle der heiligen Thekla lohnt den Besuch. Der Überlieferung nach hat hier die Schülerin des Apostels Paulus ihre letzten Lebensjahre verbracht.

Di–So 8–17 Uhr

5 km südwestl. von Silifke

◎ Barbarossa-Gedenkort

▶ S. 120, A 12

Die großartige Cañon-Flusslandschaft des Göksu weitet sich nordwestlich von Silifke aus. Eine einfache Gedenktafel an der Straße nach Konya erinnert: Am 10. Juni 1190 ertrank hier der deutsche Kaiser Friedrich Barbarossa. Der dritte Kreuzzug erreichte sein Ziel, die Rückeroberung Jerusalems, nicht mehr. Man kann zum Fluss hinuntersteigen oder 3 km weiterfahren zum Friedrich-Barbarossa-Restaurant mit hübscher Aussicht.

10 km nordwestl. von Silifke

◎ Cennet ve Cehennem

▶ S. 120, B 12

Das Höhlendunkel hat etwas Zerklüftet-Wildes, in der Tiefe der Karstgrotten rauscht und tobt ein unterirdischer Fluss, den die Grie-

chen der Antike für den Totenfluss Styx hielten. Doch schmücken den Zugang von den Parkplätzen frische bunte Bänder und Zettel an »Wunschbäumen«, die Magie des Ortes soll die Wünsche erfüllen. Ein spannender Kontrast, der Ort wird »Cennet ve Cehennem« genannt, zu deutsch »Himmel – oder Paradies – und Hölle«. Letztere ist durch Sperrgitter verschlossen, man kann aber in die Tiefe schauen. Über einen Treppenweg mit 425 Stufen erreicht man in der Talsole des »Paradieses« noch den Grund einer Tropfsteinhöhle. In der Tiefe trifft man auch auf eine Marienkapelle, christliches Gegenstück zu einem der unheimlichsten Wesen der antiken Mythologie: das Ungeheuer Typhon, das hier vermutet wurde.

Bei Narlikuyu nordöstl. von Silifke • tgl. 8–17 Uhr

◉ Göksu-Delta ▸ S. 120, B 12

▸ grüner reisen, S. 18

◉ Kızkalesi/Korykos
▸ S. 120, B 11-12

3000 Einwohner

In der Antike und im Mittelalter war Korykos ein wichtiger Hafen. Die mächtige Landburg Korykos war von byzantinischen und kleinarmenischen Herrschern umkämpft, noch 1488 wurde die Seeburg vom turkmenischen Karamanidenfürsten İbrahim Bey ausgebaut.

Gute Strände und die pittoreske Burg machen **Kızkalesi** zu einem viel besuchten Badeort. Landeinwärts sind noch Ruinen der antiken Stadt zu erkennen. Über einem tief eingeschnittenen Cañon 7 km nördlich sind antike Felsreliefs mit Darstellungen von 17 Männern und Frauen erhalten. Dieser **Adamkayalar** genannte Ort ist allerdings kaum ohne Führer aufzufinden.

20 km nordöstl. von Silifke

◉ Mersin/İçel ▸ S. 120, C 11
620 000 Einwohner

Der Aufstieg zur heutigen Großstadt begann um 1840, als während der kurzzeitigen ägyptischen Besetzung Kilikiens der Hafen Mersin gegründet wurde – der den verlandenden Hafen von Tarsus ersetzte. Über der Altstadt wächst eine Skyline von Luxushotels und Bürotürmen.

Westlich vom Hafen finden sich das Museum, das Demokratie-Denkmal von 1992 und eine große, moderne Moschee. 14 km weiter westlich blieben als Überrest von **Pompeiopolis** (heute Viranşehir = Stadt in Ruinen) rund 30 Säulen einer antiken Prachtstraße erhalten.

87 km nordöstl. von Silifke

MUSEEN
Atatürk-Museum

Das Haus, in dem der »Vater der Türkei« bei seinen Besuchen wohnte.

Atatürk Cad. Kültür Merkezi Yanı • Mo–Sa 9–12 und 13–16.30 Uhr

Mersin-Museum

Die interessantesten Exponate brachten Ausgrabungen bei Yümüktepe, 3 km nordwestlich, zutage: ein »kilikisches Troja« mit 33 Siedlungsschichten.

Atatürk Cad. Kültür Merkezi, İçel • Di–So 8–12 und 13–17 Uhr

SERVICE
AUSKUNFT
Mersin Tourist Information Office

İnönü Bulvarı 5/1 • Tel. 3 24/ 2 31 63 58, 2 31 52 38

◎ Narlıkuyu   ▶ S. 120, B 12

Um das berühmte Mosaik der drei Grazien, das einst ein römisches Badehaus schmückte, wurde eines der kleinsten Museen der Türkei gebaut (Di–So 9–12 und 13–17 Uhr). Um die kleine Bucht haben sich Fischrestaurants und ein Hotel etabliert, baden kann man an felsiger Küste.
20 km nordöstl. von Silifke

◎ Olba und Diokaisareia ⚡
▶ S. 120, A/B 11

Im Laufe der Zeit von Armeniern, Byzantinern, Kreuzrittern und Muslimen umkämpft, ist die imposante Burg von Silifke (▶ S. 69) heute eine Ruine. Die beiden antiken Schwesterstädte Olba/Diokaisareia (Ura/Uzuncaburç), römische Stadtgründungen, überdauerten dagegen die Jahrhunderte – vermutlich, weil sie nicht wie Silifke an der alten Heerstraße nach Karaman und Konya lie-

gen, der Pforte ins Landesinnere. Sie erheben sich 1200 m hoch inmitten herrlicher Berglandschaft, etwa 4 km voneinander entfernt. Zahlreiche korinthische Säulen des Zeustempels, Säulen des Tychetempels, das Theater und das Stadttor von Diokaisareia stehen noch, in Olba finden sich Felsgräber sowie die stattlichen Reste eines Aquädukts und eines schönen Brunnens.
Auf der Rückfahrt nach Silifke inmitten stiller Waldhöhen lohnt ein Halt bei den beiden Mausoleen aus römischer Zeit – sie sind gut erhalten!
30 km nördl. von Silifke

◎ Taşucu   ▶ S. 120, A 12

Der Hafen für den Schiffsverkehr nach Nordzypern ist zugleich ein Badeort, westlich des Göksu-Deltas (▶ S. 18). Eine schöne Badebucht liegt beim nahen **Boğsak**.
11 km südwestl. von Silifke

Die wehrhafte Seeburg, die man schwimmend oder per Boot erreicht, hat dem Ort Kızkalesi (▶ S. 72) seinen Namen gegeben.

Adana
▸ S. 121, D 11

2 000 000 Einwohner

Stadtplan ▸ S. 75

Adana, dreieinhalb Jahrtausende alt, ist in den letzten Jahrzehnten explosiv gewachsen, es ist heute die viertgrößte Stadt der Türkei. Seine Altstadt kann mit Hunderten, ja Tausenden von Läden, Lädchen, Kaufhäusern und Straßenhändlern faszinieren. Baufälliges und Halbverfallenes duckt sich unter Bank- und Bürotürmen. Das Archäologische Museum ist einen Besuch wert, ebenso die – noch junge – größte Moschee der Türkei. Und es gibt noch mehr zu entdecken: Burgen, Mosaiken, Karawansereien, Hethitisches und frühchristliche Stätten. Und baden kann man südlich von Adana auch.

Zur Orientierung wichtig: Die Ost-West-Straßenachse teilt Adana in die chaotisch lärmige Altstadt im Süden und eine baumgrüne Neustadt mit Boulevards im Norden. Deren Planung geht auf den Berliner Hermann Jansen zurück. Die Autobahnumgehung ist fertiggestellt.

Wer als Krieger oder friedlicher Händler, Forscher oder Reisender nach Persien und Arabien unterwegs war, kam – von den Hethitern bis heute – durch diese Landschaft am Südrand der bis zu 4000 m hoch aufragenden Tauruskette. Im Norden öffnet sich schmal der Pass der Kilikischen Pforte, im Südosten führt eine der schönsten Panoramastraßen der Türkei in Richtung Antakya und syrische Grenze. Weit breitet sich südlich zum Meer die Çukurova-Ebene aus: ein riesiges Baumwollgebiet, aus dem sich die Dörfer mit bewässerten Zitrusplantagen oasengrün herausheben.

SEHENSWERTES

Große Moschee/Ulu Cami
▸ S. 75, b 4

Nach dem Vorbild der Omajjaden-Moschee von Damaskus 1513 von Halil Bey mit großer Säulenhalle und seldschukischem Stalaktiten-Portal erbaut; zierliches achteckiges Minarett, von syrisch-mamelukischen Vorbildern geprägt, schönes Dekor mit Kacheln aus İznik und Kütahya.

Zwischen Abıdin Paşa Cad. und Ali Münif Cad.

Moschee Merkez Camii ▸ S. 75, c 3

Die größte Moschee der Türkei reckt sechs Minarette 99 m hoch in den Himmel und kann unter ihrer prächtig ausgeschmückten Kuppel 12 000 Gläubigen Platz geben: die neue Moschee am Ufer des Seyhan. Einer der reichsten türkischen Unternehmer, Sakıp Sabancı († 2004), hatte den Bau samt der umliegenden Höfe und Pavillons gestiftet. Der Beton ist unsichtbar unter Kacheln und bemaltem Putz: Die modernen Muslime bauen traditionsbewusst, wie zu Zeiten der Osmanen.

An der Brücke Girne Köprüsü

Römische Brücke/Taş Köprü
▸ S. 75, c 4

Die 310 m lange Steinbrücke wurde im 2. Jh. erbaut und im 6. Jh. unter byzantinischer Herrschaft erneuert. Original ist der westliche Bogen.

Südl. der modernen Brücke

Uhrturm/Büyük Saat ▸ S. 75, b 4

1882 erbaut, gilt der 32 m hohe Uhrturm südlich der Ulu Cami als Wahrzeichen der Stadt und als Fortschrittssymbol.

Ali Münif Cad.

MUSEEN
Archäologisches Museum
▶ S. 75, b 3

Hellenistischer Goldschmuck, römische Skulpturen und Metallarbeiten aus Urartu.
E 5 Karayolu Üzeri • Di–So 9–12 und 13.30–17 Uhr

Ethnografisches Museum 👥
▶ S. 75, a 3

In einer ehemaligen Kirche werden Kelims, Festtrachten, kalligrafische Koran-Exemplare und ein großes Nomadenzelt gezeigt.
Ziya Paşa Bulv. • Di–So 8.30–12 und 13–16.30 Uhr

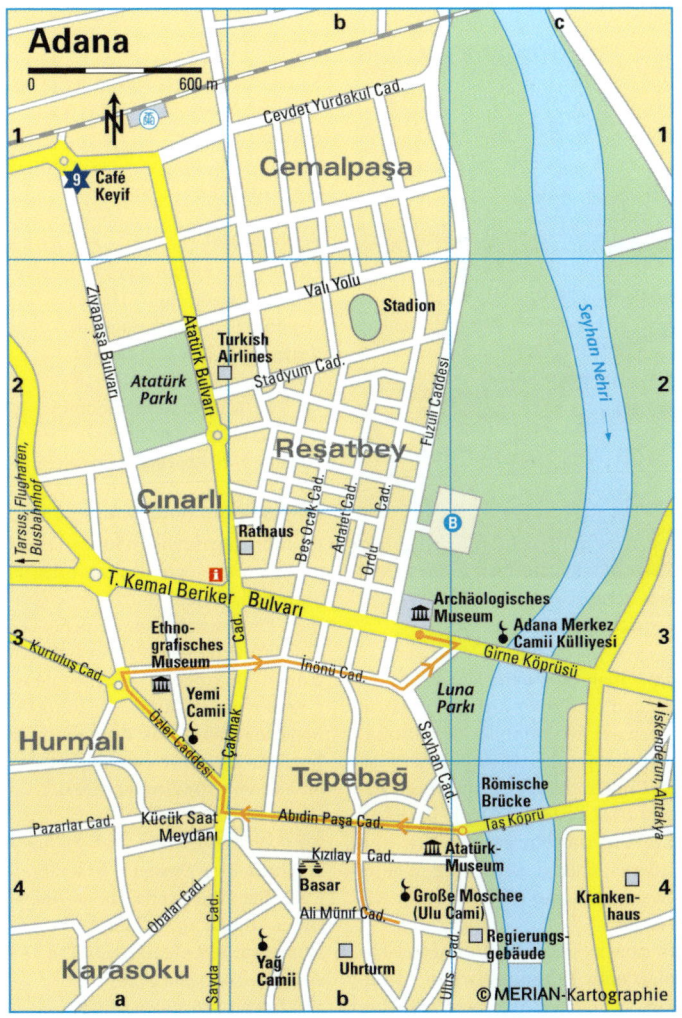

SPAZIERGANG

Stadtplan ▸ S. 75

Adanas Altstadtstraßen haben zwar Namen, aber nur ausnahmsweise Straßenschilder. Als Orientierungsmarke nützlich ist die ursprünglich römische, noch heute benutzte 19-bogige Brücke (**Taş Köprü**) über den Seyhan-Fluss.

Am Fischerhafen von Yumurtalık (▸ S. 80) herrscht keine Großstadthektik.

Tritt man dort nach Westen in die Altstadt ein, stößt man linker Hand rasch auf den Komplex der **Ulu Cami**, der großen Moschee, und ist gleich schon mitten im quirligen Basar. Hier kann man sich zwischen Kupfergerät, bunten Kleidern und jederlei Kram verlieren wie in einer Geschichte aus Tausendundeiner Nacht.

In nordwestlicher Richtung gelangt man zum **Ethnografischen Museum,** zu anderen Moscheen und zum repräsentativen Platz **Atatürk Meydanı.** Über die İnönü Caddesi führt der Weg zurück zum Seyhan, dort liegen gleich nördlich der großen Achse des T. Kemal Beriker Bulvarı das **Archäologische Museum** und gegenüber die Großmoschee **Adana Merkez Camii.**

Dauer: 3–5 Stunden

ÜBERNACHTEN

Südlich des T. Kemal Beriker Bulvarı sind die Stadthotels mittlerer und unterer Preislage im Standard mäßig. Es lohnt, sich die Übernachtung etwas mehr kosten zu lassen.

Seyhan Otel ▸ S. 75, b 3

Luxus pur • Hotelturm mit verspiegelter Fassade und Health Club, Nachtclub, Swimmingpool, zwei Restaurants, Bar und Garage. Turhan Kemal Beriker Bulv. 18 • Tel. 3 22/4 55 30 30 • www.otel seyhan.com.tr • 138 Zimmer, 20 Suiten, 10 Apartments • €€€€

Adana Hilton Hotel S.A. ▸ S. 75, c 3

Komfort am Seyhan-Fluss • Direkt bei der römischen Brücke gelegen, besticht das Hilton durch große Zimmer, Fitnesscenter, gute Küche. Die Eigentümerfamilie Sabancı besitzt eine der größten Unternehmensgruppen in der Türkei. Sinapaşa Mah. 1. Sok. No. 1 • Tel. 3 22/3 55 50 00 • www.adana. hilton.com • 308 Zimmer • €€€

Mavi Sürmeli Hotel ▸ S. 75, b 3

Hochgelobtes Design • Restaurant, Café, Bar und Sauna, die »Königssuiten« mit Jacuzzi. Garage. İnönü Cad. 109 • Tel. 3 22/3 63 34 37 • www.mavisurmeli.com.tr • 117 Zimmer, 16 Suiten • €€€

ESSEN UND TRINKEN
Lagos Restaurant
▶ S. 75, nördl. c 1

Mit Blick aufs Meer • Gilt als bestes
Fischrestaurant der Stadt, preiswert.
Süleyman Demirel Bulv. 4/A •
Tel. 3 22/2 35 26 26 • €€

The Terrace Restaurant
▶ S. 75, c 1

Musterhafter Service • Am Seyhan-
Fluss, türkische Küche.
Yeni Baraj Mah. 32, Sok. Damla Sitesi
altı 5, nahe Didlberler Sekisi • Tel.
3 22/2 26 03 43 • www.theterrace.
com.tr • €€

EINKAUFEN

Die Altstadt von Adana ist ganz auf
Verkaufen und Kaufen eingestellt.
Beim Atatürk-Denkmal am Westende der İnönü Caddesi lockt eine
glitzernde Ladenzeile von Juwelier-
geschäften, es gibt einige Kaufhäuser.
Mehrere anspruchsvolle Mode- und
Ledergeschäfte finden Sie an der Atatürk Caddesi und in den Nebenstra-
ßen. Den **Basar** nicht versäumen – es
lockt ein Kauf-Labyrinth wie aus einem orientalischen Märchen!

STAD – Adana Kırtasiyecilik
▶ S. 75, b 2

Internationale Presse und Bücher.
Stadyum Cad., Salih Bosna Apt.,
A-Blok

AM ABEND

Die Sommerabende sind lang, zur
Wahl steht u. a. ein 8-Säle-Cine-
maxX. Gehobenen Ansprüchen werden die **Nachtclubs** in den Hotels
Seyhan und **Sürmeli** (▶ S. 76) ge-
recht. Adana hat auch ein Sympho-
nieorchester. Internationales The-
aterfestival im April/Mai.

SERVICE
AUSKUNFT
Tourist Information Center
– Atatürk Cad. 13 • Tel. 3 22/
3 59 19 94 ▶ S. 75, a 3
– Am Flughafen (Şakırpaşa
Havaalanı) • Tel. 3 22/4 36 92 14

REISEBÜRO
Pink Tour
▶ S. 75, a 2

Buchung von Flügen, Mietwagen etc.
Atatürk Blv. • Tel. 3 22/4 59 17 67 •
www.pinktour.com.tr

VERKEHR
Bahnhof
▶ S. 75, a 1

Täglich verkehren Expresszüge nach
Ankara, İstanbul (Bahnhof: Haydar-
paşa) und zu anderen Zielorten. Ab-
fahrtszeiten am Bahnhof erfragen.

Busbahnhof

Dolmus zum »Otogar« westlich der
Girne-Brücke; der Busbahnhof liegt
7 km nördlich.

Flughafen
▶ S. 75, westl. a 2

8 km westl. der Stadt •
Tel. 3 22/4 35 03 80

MERIAN-Tipp 9

CAFÉ KEYIF ▶ S. 75, a 1

Adanas Altstadt – Basare und Minarette und Gassen mit halb ver-
fallenen Häusern –, das ist unver-
fälschter Orient. Geradezu nach
Norden, Richtung Bahnhof, über-
rascht hingegen das moderne, er-
folgreich aufstrebende Adana. Im
Café Keyif fühlt man sich in ein Pub
nach Old-England-Art versetzt.
Adana, Ziyapasa Bulvarı •
Tel. 3 22/4 57 78 20 • €

Ziele in der Umgebung

◎ Karataş   ▶ S. 121, D 11

8600 Einwohner

Der kleine Hafenort ist im Sommer überfüllt, weil er von Adana aus der nächsterreichbare Badeplatz ist. Der lange Strand wird eingerahmt von Anlagen mit Zweitwohnungen sowie einigen Pensionen. Angenehm ist das Restaurant Mavikum (Tel. 3 22/6 81 21 37, €€) nahe am Schiffsanleger. Der nahe Akyatan-See ist Vogelschutzgebiet. Vom antiken **Magarus**, 5 km westlich, blieben nur wenige Ruinen übrig.

50 km südl. von Adana

◎ Kurtkulağı   ▶ S. 121, E 11

Die Karawanserei wurde 1711 erbaut, und den schweren Quadersteinen der Außenmauern und den schmalen Fensteröffnungen sieht man an, dass die Karawanen Zuflucht vor Räubern suchten. Heute

ist hier ein kleiner Teeplatz mit Polstern, Teppichen und altem Gerät eingerichtet.

62 km östl. von Adana, über Ceyhan

◎ Misis/Yakapınar ▶ S. 121, D 11

Die antike Stadt Mopsuestia zeigt Reste eines Theaters und von Stadtmauern, eine immer noch benutzte, neunbogige römische Brücke über den Ceyhan, vor allem aber – in einer eigens darüber erbauten Halle – ein rund 100 qm großes Mosaik mit einer Darstellung der Arche Noah mit Panther, Löwe, Pfau, Gazelle, Hahn; wohl aus dem 4. Jh. n. Chr.

25 km östl. von Adana

◎ Seyhan-Staudamm und Stausee/Seyhan Barajı ⛵ ▶ S. 121, D 10

Ausflugsziel mit Teegärten und Restaurants. Der auf rund 25 km Länge aufgestaute Fluss Seyhan wurde zu

Yılanlı Kale, die sagenumwobene Schlangenburg (▶ S. 79), erhebt sich dramatisch-imposant nahe Sirkeli am Fluss Ceyhan.

einem stillen See zwischen Bergen, landwirtschaftlichen Flächen und – nach Norden zum Taurus hin – großen Waldungen. Der 73 qkm große See bewässert die Çukurova-Ebene, ein zweiter Stausee wird vorbereitet. Zusehends breitet sich die Stadt nordwärts aus.

Ein kleiner Hügel widerstand den Bulldozern, die Stätte des muslimischen Heiligen Çoban Dede.

8 km nördl. von Adana, zu erreichen über die Straßen westl. vom Seyhan

◎ Sirkeli/Yılanlı Kale

▸ S. 121, E 10

Beim Dorf Sirkeli erhebt sich die Ruine einer mittelalterlichen Burg: **Yılanlı Kale**, die Schlangenburg, die ihren Namen nach der Legende von einem Schlangenkönig hat. Wer den Burgberg ersteigt (Anfahrt auf befestigtem Weg, dann etwa 15 Min. Aufstieg), findet lange Mauern, acht Türme und eine Burgkapelle sowie am Haupttor die Figur eines Königs vor. Man hat vermutet, dass sie Leo II. (den Großen) darstellt, Herrscher von Kleinarmenien von 1198 bis 1219 und vielleicht auch Erbauer der Burg.

Viel älter ist das Relief unmittelbar über dem Ceyhan-Fluss, zu Fuß vom Bahnübergang zu erreichen. In Gebetshaltung steht dort der hethitische Großkönig Muwatalli in den Fels gemeißelt, jener Herrscher, der in der Schlacht von Kadesch 1285 v. Chr. den Vormarsch des Ägypters Ramses II. aufhielt.

Auf der Hügelkuppe bei Sirkeli legte 1992/1993 eine Grabung deutscher Archäologen die Mauern einer hethitischen Stadt frei.

40 km östl. von Adana, über Misis/Yakapınar zu erreichen

◎ Tarsus

▸ S. 120, C 11

320 000 Einwohner

Als Ägyptens Königin Kleopatra im Jahre 41 v. Chr. hier zum ersten Mal dem Römer Marcus Antonius begegnete, war dies eine der wichtigsten Städte des östlichen Mittelmeers. Tarsus wurde auch ein Zentrum des frühen Christentums, später im Byzantinischen Reich ein einflussreicher Bischofssitz. Der Hafen verlandete jedoch, an Sehenswertem aus römischer Zeit blieben das Kleopatra-Tor und Reste eines Theaters. Voller Leben ist dagegen der **Basar** (nördlich der Atatürk Cad.); es gibt Moscheen und Hamams und in einer ehemaligen Medrese (Koranschule) ein kleines Museum. Die **Ulu Cami** (Große Moschee) wurde 1479 noch unter der Herrschaft der Ramazanoğlu-Emire erweitert.

Ca. 40 km westl. von Adana

SEHENSWERTES
Brunnen des heiligen Paulus

Vermutet wird, dass der Apostel um das Jahr 10 n. Chr. in Tarsus geboren wurde. Am Brunnen des heiligen Paulus (Weg erfragen, jeder kennt ihn: »Saint Pauls Kuyusu«) sind die prachtvollen, herrlich duftenden Rosenbüsche und Orangenbäume leider abgeräumt worden – ein archäologischer Kahlschlag. Besuchern wurde früher Tee angeboten, heute empfangen Pilger einen Schluck Wasser aus dem Brunnen.

Tgl. 8.30–17.30 Uhr

◎ Toprakkale

▸ S. 121, E 10

Mächtige Burganlage des Königreichs von Kleinarmenien (12. Jh.) an der Straßengabelung nach Gaziantep und nach İskenderun/Antakya. Mehrere Tore und Türme, Saal-

Antakya (▸ S. 80) ist eine faszinierende Stadt mit spannender Geschichte.

bauten und unterirdische Gänge. Die Burg gehörte wechselnd den Armeniern, den Byzantinern, Kreuzrittern und den ägyptischen Mameluckenherrschern, bis sie 1491 von den Osmanen eingenommen wurde.
75 km östl. von Adana

◎ Veste Anavarza   ▸ S. 121, E 10

Beherrschender Burgberg über der ostkilikischen Ebene mit römischen und mittelalterlichen Mauern, antikem Stadion, Theater und Thermenruinen, Mosaiken, frühbyzantinischen Kirchen. Vom 7. bis 10. Jh. herrschten hier die Araber, bis sie von den Byzantinern verdrängt wurden.
75 km nordöstl. von Adana, über Ceyhan zu erreichen

◎ Yumurtalık   ▸ S. 121, E 11

5300 Einwohner

Aus der Bucht von Yumurtalık blickt man weit über den Golf von İskenderun. Die Burg über dem kleinen Hafen erinnert an die Jahrhunderte der Kreuzfahrer, als Yumurta-

lık unter dem Namen Lajazzo einmal Haupthafen des Königreichs Kleinarmenien war und Venezianer, Genuesen und Pisaner hier ihre Vertreter hatten. Der berühmteste Fernreisende des europäischen Mittelalters, Marco Polo aus Venedig, war zweimal in Lajazzo, 1269 und 1271. Heute ist Yumurtalık ein freundlicher Badeort, frei von großen Hotels. Noch ist der Ort einer der besten Badeplätze der Region.
62 km südöstl. von Adana

ÜBERNACHTEN

Öztur Otel

Modern am Meer • Mit Restaurant. Atatürk Cad. • Tel. 3 22/6 71 21 67 • www.ozturotel.com • 28 Zimmer, 6 Suiten • €€

Antakya/Hatay   ▸ S. 121, E 12

150 000 Einwohner

Stadtplan ▸ S. 81

In dieser Stadt der Palmen, Moscheen und Basare nahe der syrischen Grenze findet man die Grotte des Apostels Petrus und die reichste Sammlung römischer Mosaiken. Schon die Anreise von Adana um die Bucht von İskenderun hat ihre Reize, trotz unübersehbarer Industrie bewahrt die Region mit ihren Berghöhen und weiten Ebenen viel Ursprüngliches.

WUSSTEN SIE, DASS...

... die einstige Megastadt Antakya der Ort ist, an dem die Jünger von Jesus Christus zum ersten Mal »Christen« genannt wurden?

Als Antakya noch **Antiochia** hieß, war es die drittgrößte Mittelmeerstadt nach Rom und Alexandria. Im

Jahre 300 v. Chr. gründete Seleukos Nikator, ein General Alexanders des Großen, die Stadt, die rasch zum Handelszentrum wurde. 64 v. Chr. wurde Antiochia für mehr als ein halbes Jahrtausend römisch. Der Apostel Petrus predigte den Christus-Gläubigen, Juden und Heiden und war erster Bischof Antiochias. Seit 1517 regierten die Osmanen.

Heute ist Antakya keine Weltstadt mehr, aber als interessante Mischung zwischen arabischer Welt und Europa zu erleben. Während sich nördlich des Asi-Flusses (in der Antike: Orontes) ein pittoresker Basar erstreckt, erinnert der Atatürk-Palmenboulevard mit zahlreichen Boutiquen und Apartmenthäusern an die französische Riviera.

Tatsächlich war Antakya mit der Provinz Hatay nach dem Ersten Weltkrieg Teil des französischen Mandats über Syrien geworden. Doch die türkische Bevölkerung drängte zum Anschluss an die Türkei, 1936 lief das Mandat aus, und 1939 – ein Jahr nach dem Tod Atatürks – beschloss das Parlament von Hatay die Vereinigung mit der Türkei. Syrien verweigert bis heute die Anerkennung dieses Beschlusses.

Der Antakya-Besucher bleibt von diesen Spannungen unberührt, lebt in einer weltoffenen, wachsenden Stadt, deren Bewohner stolz auf ihre Toleranz sind. Im Umland kann man die Natur genießen und einzigartige Stätten besuchen – römische, vor allem aber frühchristliche.

MERIAN-Tipp **10**

BASARVIERTEL ▸ S. 81, c 2–3

Türkisch und zugleich arabisch lebt man in Antakya Tür an Tür, und die christlich-orthodoxe Gemeinde hört die Predigt auf Arabisch. Auf der Ostseite des Asi-Flusses wird rund um die Moschee Habib Naccar seit jeher gehandelt, und mitten in diesem bunten Leben überdauern alte osmanische Häuser. Mit etwas Geduld entdeckt man sogar noch Jugendstilfassaden.

Antakya, Kurtuluş Cad.

SEHENSWERTES

Aquädukt Trajans ▸ S. 81, südl. c 3

Kaiser Trajan ließ den Aquädukt bauen, der Wasser von Harbiye nach Antiochia brachte. Reste beim staatlichen Krankenhaus.
Hastane Sok.

Burg/Antakya Kalesi ⚐⚐
▸ S. 81, nordöstl. c 2

Ruinen aus der Zeit der Kreuzritter (11. Jh.), mit noch älteren Mauerringen. Restaurant, toller Fernblick.
Östl. über der Stadt (Richtung Reyhanlı)

Große Moschee/Ulu Cami
▸ S. 81, b 2-3

Erbaut im 16. Jh., mit reizvollem Steindekor.
Im Stadtzentrum

Habib Neccar Camii ▸ S. 81, c 2

Ursprünglich antiker Tempel, dann christliche Kirche, später Moschee, mit einem Minarett aus dem 17. Jh.
Kurtuluş Cad., östl. vom Zentrum

St.-Peters-Grotte/Senpiyer Kilisesi ▸ S. 81, nordöstl. c 2

Petrus und Paulus haben in dieser 13 x 9 m großen, gut 7 m hohen Naturhöhle an der Straße nach Syrien gepredigt. Die Portalbogen stammen erst aus der Kreuzfahrerzeit und wurden 1863 erneuert. Schon zu Apostelzeiten spendete der kleine Quell südlich vom Altar sein Wasser, das von Pilgern gesammelt wird. Am Todestag Petri, am 29. Juni, und zu Weihnachten werden Messen gefeiert, es gibt auch immer wieder Trauungen. Seit 1864 sind Kapuzinerbrüder ständig in Antakya. Die Höhlenkirche wurde 1983 vom Vatikan als heilig erklärt.

Sehr schön ist der kleine **Friedhof** vor der Grotte. 300 m dahinter findet man am Fels ein überlebensgroßes antikes Relief Charons, des Fährmanns, der die Toten über den Fluss Styx in den Hades bringt.
Nordöstl. der Stadt • Di–So 8–12 und 13.30–16.30 Uhr

MUSEEN

Archäologisches Museum
▸ S. 81, b 2

Die weltberühmte Sammlung der römischen Mosaiken dokumentiert den einstigen Reichtum der Stadt: Sie wurden fast alle hier und in der Umgebung gefunden. Besonders lebendig gelungen ist z. B. ein Knabe, der auf einem Delfin reitet.

Das Museum wurde eigens für die großen Formate der Mosaikgemälde konzipiert. Auch hethitische Skulpturen werden gezeigt. Mächtige steinerne Löwen wurden bei den Ausgrabungen in Tell Atchana gefunden (13. Jh. v. Chr.).
Cumhuriyet Meydanı • Di–So 8–12 und 13.30–17 Uhr

SPAZIERGANG

Stadtplan ▶ S. 81

Der elegante Schwung, mit dem sich die **Atatürk Caddesi** auf der Neustadtseite des Asi-Flusses an die breite Hügelflanke legt, macht den Boulevard-Bummel noch angenehmer. Beginnen Sie Ihren Spaziergang beim Atatürk-Denkmal, flanieren Sie die Atatürk Caddesi auf der einen Seite hinauf, auf der anderen zurück. Lassen Sie sich auf der anderen Seite des Flusses durch die Basargassen treiben oder nehmen Sie Platz in den Teegärten im **Atapark**.
Dauer: 2–5 Stunden

ÜBERNACHTEN

Büyük Antakya Oteli   ▶ S. 81, b 2

Traditionspalast • Komfortabel und zentral; Garage, Bar.
Atatürk Cad. 8 • Tel. 3 26/2 13 58 58 • www.buyukantakyaoteli.com • 72 Zimmer • €€€

Antik Grand Hotel   ▶ S. 81, b 3

Dekor voll Fantasie • Große Zimmer, in neo-antikem Stil ausgestattet. Ein Restaurant gehört dazu.
Hürriyet Cad. 18 • Tel. 3 26/ 2 15 75 75 • www.antikgrand.com • 29 Zimmer • €€

ESSEN UND TRINKEN

Internationale Küche findet man im **Büyük Antakya Oteli**. Die Restaurantstraße ist die **Hürriyet Caddesi** auf der Ostseite des Asi-Flusses. Meist ist das Ambiente schlicht, und die Preise sind niedrig.

Antakya Evi   ▶ S. 81, b 2

Erinnerungen an gestern • In einem Haus aus der französischen Zeit, mit angenehmem Ambiente und schmackhaften Mezeler und Fleischgerichten. Reservieren!
Silahlı Kuvvetler Cad. 3 • Tel. 3 26/2 14 13 50 • €€€

Das gleichermaßen hochbetagte wie originelle steinerne Raubtierpärchen ist im Archäologischen Museum (▶ S. 82) von Antakya zu bewundern.

Anadolu Restaurant   ▶ S. 81, b 3

Authentisch türkisch • Viel besucht von den Einheimischen, meist bleiben hier die Männer unter sich.
Hürriyet Cad. 50C •
Tel. 3 26/2 15 33 35 • €€

AM ABEND

Dionysos Bar   ▶ S. 81, b 2

Im Büyük Antakya Hotel, mit Livemusik • Atatürk Cad. 8 • ab 23 Uhr

SERVICE

AUSKUNFT

Tourist Information (Hatay İl Turizm Müdürlüğü)   ▶ S. 81, a 1

Vali Ürgen Alanı 47 • Tel. 3 26/2 16 06 10 • Mo–Fr 8–12, 13–17 Uhr

Ziele in der Umgebung

◎ **Arsus/Uluçınar**   ▶ S. 121, E 11

Bester Strand im Umkreis, kleiner Badeort zu Füßen der fast 1800 m hohen Nur-Berge (**Nur Dağları**).
38 km nordwestl. von Antakya

◎ **Çevlik**   ▶ S. 121, E 12

Kilometerlanger, baumloser, leider zu wenig gepflegter Strand bis zum Dorf **Mağaracık**. Benachbart die antiken Ruinen von **Seleukia de Pieria**, des Hafens von Antiochia (heute **Samandağ**). Unter der Herrschaft Kaiser Vespasians (69–79) wurde das Felsgebirge bei Çevlik durchbrochen, um Stadt und Hafen vor Überflutungen durch die reißenden Gebirgsflüsse zu schützen: Der sogenannte Titus-Tunnel ist 7 m hoch.
20 km westl. von Antakya

◎ **Harbiye/Daphne** ▶ S. 121, E 12

Erholungsort mit kleinen Hotels, Cafés, einem Wasserfall und Orangengärten.
7 km südl. von Antakya

◎ **İssos**   ▶ S. 121, E 11

Durch den Sieg des Makedonenkönigs Alexander über den persischen Großkönig Dareios III. im Jahre 333 v. Chr. ist der Name berühmt, doch leider ist nicht einmal die genaue Lage von İssos zweifelsfrei bekannt. Durch das Ackerland zieht sich ein römischer Aquädukt.
80 km nördl. von Antakya, Abfahrt von der Autobahn bei Erzin

◎ **Musa Dağı**   ▶ S. 121, E 12

Auf dem 1281 m hohen »Mosesberg« (arabisch: Djebel Mussa) kämpften Armenier 1915 gegen eine osmanische Übermacht. Noch heute leben in den Dörfern einige Armenier, mit Muslimen und Christen.
25 km westl. von Antakya

◎ **Payas/Yakacık**   ▶ S. 121, E 11

Rauchende Industrieschlote prägen das Ortsbild des einst bedeutenden Hafenorts. Die Venezianer bauten hier eine Burg, um den Orienthandel zu sichern. Sehenswert ist die **Sokullu Mehmet Paşa Karavanserai**, ein Bauwerk des großen Architekten Sinan aus dem 16. Jh.
74 km nördl. von Antakya

◎ **St.-Simeon-Stilitis-Kloster**   ▶ S. 121, E 12

Klosterruine auf einem Bergrücken, nahe der syrischen Grenze (▶ Touren und Ausflüge, S. 95).
27 km südwestl. von Antakya

◎ **Tell Atchana**   ▶ S. 121, F 12

Bei Grabungen wurden 17 Kulturschichten gefunden. Beim nahen Reyhanlı lockt der **Yenişehir-See** mit etlichen Restaurants, Bootsverleih und Palmen.
25 km östl. von Antakya

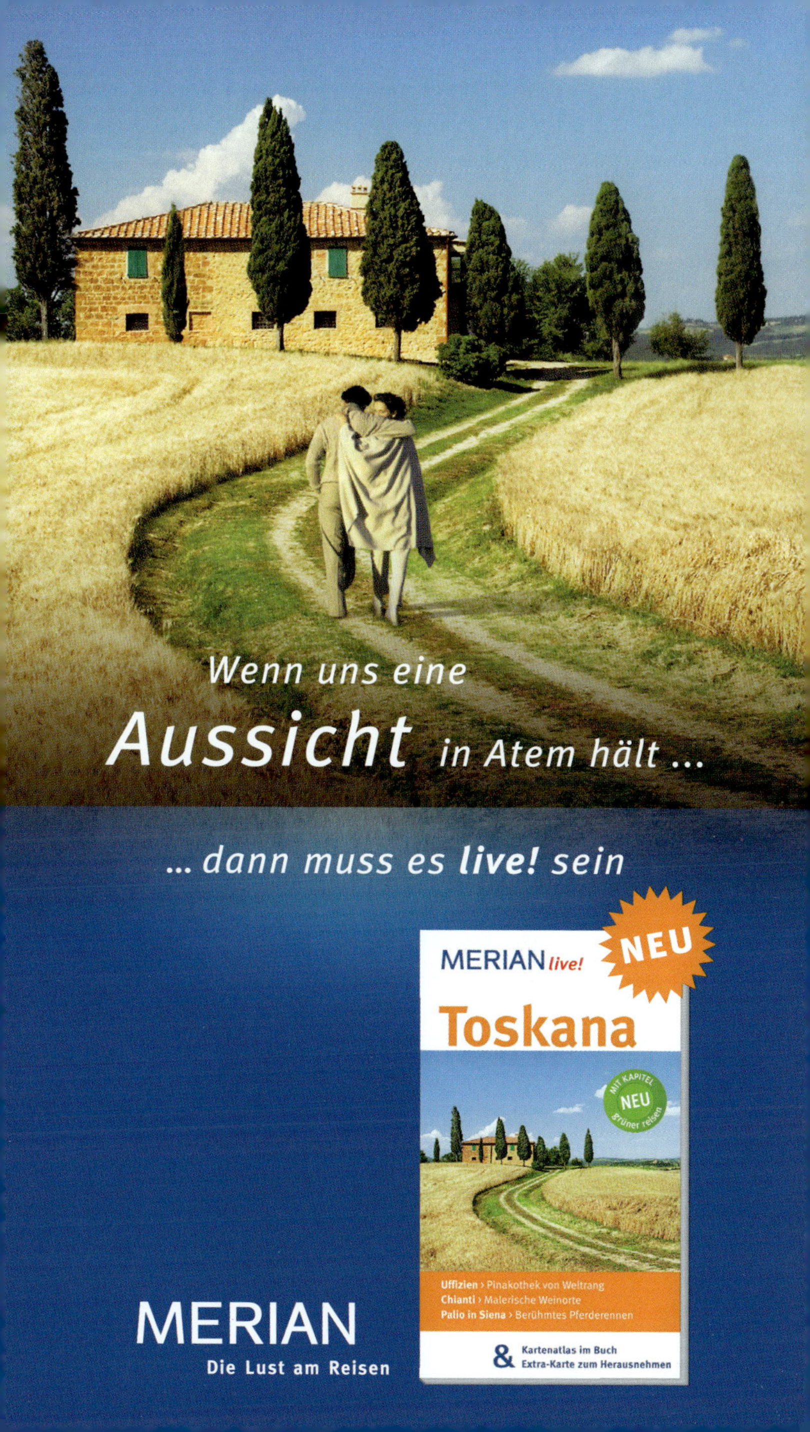

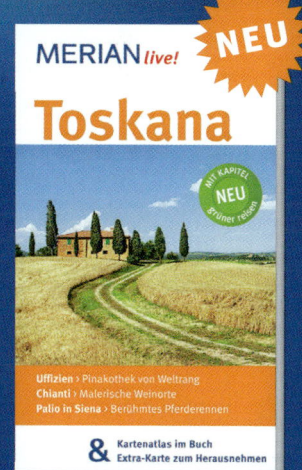

Wenn uns eine
Aussicht in Atem hält ...

... dann muss es *live!* sein

Die Ruinenstadt Termessos (▶ S. 59, 90) ist steinerne Zeugin einer hoch entwickelten Kultur und deutlich älter als die Ruinen des Theaters über der Stadt.

Touren und
Ausflüge

Zu Fuß, mit dem Auto oder auch per Schiff: Finden Sie Ihre schönsten Erlebnisse unter diesen sechs Vorschlägen. Jeder führt in eine großartige Landschaft.

Im Cañon von Saklıkent – Faszinierende Gebirgswelt an der Südküste

CHARAKTERISTIK: Spaziergang oder feuchtes Kletterabenteuer – je nach Geschmack und Wasserstand **ANFAHRT:** 45 km südöstlich von Fethiye, in der Saison regelmäßiger Minibus-Verkehr; Zufahrt aus Richtung Kaş/Antalya über Kınık (Xanthos) **DAUER:** Tagesausflug **LÄNGE:** 2–15 km (eine Richtung) **EINKEHRTIPP:** mehrere Lokale am Eingang zur Schlucht (€–€€) **AUSKUNFT:** Abi Travel, Yalıboyu Mahale 18, Tel. 2 42/8 44 26 94, abitravel@superonline.com
KARTE ▶ S. 117, F 4

Nichts für Wasserscheue: Im Frühjahr ist die Cañon-Passage eingeschränkt.

Mehr und mehr beginnen Türkei-Urlauber zu entdecken, dass nicht nur die Strände und Buchten des Landes eine Reise wert sind, sondern auch die Gebirgswelt. In **Saklıkent** im Akdağı-Gebirge ist aber kein Gipfel zu bezwingen, sondern die Wildwasserschlucht des Eşen Çay (Eisen-Fluss) zu begehen: Bis zu 300 m tief haben Schmelzwasser und das Wasser aus Quellen den Cañon gegraben.

Holzstege ▶ Felsklettern

An Freiluftrestaurants vorbei kommt man zum Eingang der Schlucht, kann auf Holzstegen entlang der Steilwände über dem auch im Sommer sehr kalten Wasser zu einem Quellkessel mit Lokanta-Tischen wandern. Weit oben sieht man die Ränder der Felswände und darüber den Streif Himmelblau.

Bei heftigen Regenfällen darf der Cañon nicht betreten werden, denn der Wasserspiegel kann schnell ansteigen. Eine Reisegruppe, erzählt man, sei trotzdem bei den Restaurants weiter in den Cañon gegangen, und wenig später habe man Taschen, Hüte und Filmausrüstung auf den Fluten treiben gesehen. Helfer fanden die Touristen dann kleinlaut auf Felsen gerettet. Die ganze 15 km lange Cañon-Strecke zu erwandern ist auch bei gutem Wetter schwierig.

Cañon ▶ Patara-Strand

Vom unteren Ende der Schlucht an ist der Eşen Çay auch im Sommer für kleine Boote schiffbar. Kanufahrten werden organisiert, bei denen man von der Straßenbrücke bei Kınık bis ans Meer paddelt, zum naturgeschützten **Patara-Strand**.

Wer in der leichten Strömung kentert, hat rasch wieder Boden unter den Füßen – der Fluss ist nicht tief.

Zur versunkenen Stadt bei der Insel Kekova – Abenteuer im Glasbodenschiff

CHARAKTERISTIK: Erlebnisreicher Schiffsausflug **FAHRTSTRECKE:** Die Insel Kekova liegt von Kaş annähernd 30 km, von Demre/Kale weniger als 20 km Wasserweg entfernt. Auf dem Landweg kommt man über die neuerdings gut ausgebaute Straße nach Üçağız (36 km von Kaş) und kann dort mit einem Ausflugsschiff oder einem kleinen Boot übersetzen **DAUER:** Tagesausflug **LÄNGE:** variabel je nach Anfahrtstrecke und Programm **EINKEHRTIPP:** Onur Pension, direkt am Hafen 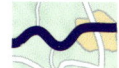 von Ücagiz, Tel. 2 42/8 74 20 71 € **AUSKUNFT:** Tourist Information in Kaş, Cumhuriyet Meydani 5, Tel. 2 42/8 36 12 38 **KARTE ▶ S. 117/118, F 4–A 8**

Einer der attraktivsten Bootsausflüge der Südküste führt von **Kaş**, **Demre** oder – kürzeste Wasserfahrt – von **Üçağız** zur Insel Kekova und zu antiken Stätten. Die Reste einer versunkenen Stadt, eine mittelalterliche Burg und lykische Sarkophage sind sehenswert. Zum Baden sind die Inseln und ungezählten Buchten ideal. Zur Schönheit der Natur kommt dann noch ein Reichtum an antiken Resten um die Insel Kekova. Hauptattraktion ist Sualtı Şehir, die versunkene Stadt, ein Stadtteil, der früher an der Küste lag, aber unter die Wasseroberfläche abgesunken ist. Beliebt: das Glasbodenschiff.

Auf dem Festland ist der schönste Platz das Dorf **Kale**, das unmittelbar an das Ruinengebiet des antiken Simena angrenzt. Man kann vorzüglich Fisch essen (mehrere Wirte konkurrieren) und vorher oder nachher zu der aus dem Mittelalter stammenden Burg aufsteigen und innerhalb der Burgmauern ein mit nur sieben Sitzreihen ausgestattetes antikes Theater sehen, ebenso Ruinen einer Thermenanlage.

Kale ▶ Üçağız

Im innersten Teil der Kekova-Bucht liegt das winzige Dorf **Üçağız**, östlich davon das antike Theimiussa, mit Grabinschriften und einem auf 30 m Länge in den Uferfels gehauenen antiken Landungskai. Einige Gräber tragen Inschriften in der Sprache der Lykier, die hier das ältere Heimatrecht hatten. Bereitwillig erzählte uns ein Wirt in Üçağız von den Goldbarren, die von den Lykiern den Toten in die Gräber gelegt, leider aber von Räubern gestohlen worden seien. Er verriet uns auch, dass in neuerer Zeit viele Häuser ohne Baugenehmigung abgerissen werden mussten.

Üçağız ▶ Blaue Grotte

Die Rundfahrtschiffe legen natürlich nicht nur an den archäologischen Stätten an, sondern werfen die Anker auch immer wieder zu Badepausen. In der »Aquariumsbucht« sprudeln unterseeische Quellen, die mit ihrer Kühle das hochsommerliche Badevergnügen noch steigern.

In der beliebten **Tersane-Bucht** findet man Überreste antiker Schiffswerften (tersane = Werft). Eine besondere Attraktion ist die **Blaue Grotte**, eine der größten an der ganzen Südküste. Achtung: Bei den unterseeischen Ruinen der »Versunkenen Stadt« vor der Inselküste ist das Baden untersagt.

Die Bergwildnis von Termessos – Theater, Mauern und Zisternen 🔴8

CHARAKTERISTIK: Die Wanderung führt durch wildromantisches Ruinengelände
ANFAHRT: 34 km nordwestlich von Antalya (Straße nach Burdur, Abzweigung nach
Korkuteli) **DAUER:** Halbtages- oder Tagesausflug **LÄNGE:** Vom Eingang des National-
parks etwa 2 km (eine Richtung) **EINKEHRTIPPS:** Am Parkeingang bescheidenes
Restaurant (€) sowie das Restaurant Arkadaş im Park bei den oberen Düden-Wasser-
fällen (€) **AUSKUNFT:** Am Parkeingang und bei der Tourist Information Antalya,
Cumhuriyet mah. Özel Idare ish. Altı 2, Tel. 2 42/2 41 17 47
KARTE ▶ S. 118, A 7

Bis heute ist schwer vorstellbar, wie
es den Menschen der Antike möglich war, in der Höhe dieses abgele-
genen Bergtals eine ganze Stadt zu
erbauen, mit Mauern und Toren,
Zisternen und Gymnasium, Agora
und Markthalle und einem Theater,
das kühn wie kein anderes in der antiken Welt auf einen schmalen Fels-
sattel gesetzt ist. Wenig weiß man
von den Pisidiern, die hier in ihrer
Bergfestung gelebt haben, bevor sie
hellenisiert wurden. In ihren Inschriften nennen sie sich Solymer,
nach dem Namen des 1650 m hohen
Felskegels über ihrer Stadt: Solymos,
heute Güllük Dağı, höchster Gipfel
im 6700 ha großen Güllük-Dağı-Na-
tionalpark.

Parkplatz ▶ Theater
Auch heute führt nach langer Ser-
pentinenstrecke vom Parkplatz nur
ein schmaler Fußweg zum Theater
von Termessos hinauf (1050 m). Erstaunlich ist, was für Bauten sich die
Bergstadt Termessos leisten konnte.
Die Steinquader des Artemis-Tem-
pels sind so exakt gehauen, dass sich
kaum eine Messerklinge zwischen
sie schieben lässt. Große Teile der
Stadt und ihrer Nekropole sind von
schwer durchdringlichem Bergwald
überwachsen. Das schönste Grabre-

lief zeigt einen Reiter in Rüstung:
vermutlich Alketas, einen General
Alexanders des Großen, der sich in
den Diadochenkämpfen selbst töte-
te, weil er von den Termessiern an
seine Feinde ausgeliefert zu werden
fürchtete. Alexander der Große ver-
suchte auf seinem Weg durch Klein-
asien 333 v. Chr. das Felsennest zu
erobern, traf aber auf so heftigen Widerstand, dass er weiterzog. Die Einwohner wurden in den folgenden
Jahrhunderten dennoch hellenisiert,
der Kultur der griechischen Küsten-
städte, später der griechisch-römischen Städte angepasst. In den ver-
lustreichen Kriegen Roms gegen das
heftig expandierende Schwarzmeer-
Reich des Königs Mithradates im
1. Jh. v. Chr. waren die Krieger von
Termessos Verbündete der Römer.
Das brachte der Stadt Wohlstand.
Die meisten Ruinen von Termessos
stammen aus den Jahrhunderten um
Christi Geburt: Tempel, Agora und
Markthalle, Odeion und Gymnasium. Kaiser Hadrian erhielt ähnlich
wie in Antalya ein eigenes Tor.
Um 400 n. Chr. wurde Termessos
vermutlich von einem Erdbeben
zerstört und in der Folge von den Be-
wohnern aufgegeben. Dicht vom
Bergdschungel überwachsen, wur-

den die Ruinen erst im 19. Jh. wiederentdeckt. Noch heute sind an manchen Stellen nur Wegschneisen durch das Buschwerk der hoch hinauf an den Hängen ausgebreiteten Nekropole geschlagen, geborstene Sarkophage überdauern. Seit 1970 ist das gesamte Gelände um den Güllük Dağı ein Nationalpark.

Legendäre Überlieferung aus der Antike verbindet das Volk der Solymer mit dem Fabeltier Pegasos, dem geflügelten Pferd des Königssohns Bellerophon aus Korinth. In einem Familiendrama voller Verrat, Vergewaltigung und Rachedurst musste der Prinz gegen die Solymer kämpfen und bezwang sie, erfolgreicher als Alexander der Große.

Termessos ▸ Karain-Höhlen

Die nahen **Höhlen von Karain** sind über eine Abzweigung von der Straße Termessos–Antalya zu erreichen. Die schon vor 50 000, nach jüngsten Forschungen bereits vor 160 000 Jahren bewohnte dreiteilige Höhle wird seit 1946 von türkischen Archäologen erkundet. Zu den Funden gehören Knochen von Elefanten und Rhinozerossen, dazu auch menschliche Skelettreste.

Termessos ▸ Düden-Wasserfälle

Von der Straße nach Korkuteli kann man zur Schlucht von Güver (ausgeschildert Güver Uçurumu, beim Düzler Çami Park, 20 km von Antalya) gelangen, einem Wandergebiet in ursprünglicher Natur. Auch der obere **Düden-Wasserfall**, 10 km von Antalya, kann auf derselben Rundfahrt besucht werden. Man geht dort auf einer Felsgalerie hinter dem Wasserfall spazieren und hat die rauschende Wasserwand wie einen Vorhang vor sich. Auch ein hübscher Restaurantgarten unter hohen Baumkronen, das Arkadaş, ist dort nicht zu verfehlen.

Der Düden-Wasserfall (▸ S. 91) wird am Wochenende auch von vielen Einheimischen aufgesucht, die der Hitze Antalyas entfliehen und am Ufer picknicken.

Zur Burg Anamur – Römer, Piraten und Nomadenfürsten 🔴9

CHARAKTERISTIK: Die Autotour führt zur größten Burg an der türkischen Südküste **DAUER:** mindestens ein Tag **LÄNGE:** Fahrtstrecke: von Alanya wie von Silifke je etwa 130 km, täglich mehrere Linienbusverbindungen **EINKEHRTIPPS:** Die besten Adressen finden sich im kleinen Badeort Anamur İskelesi, z. B. das nahe am Hafen gelegene Kap Restaurant, İskele Meydani, Tel. 3 42/8 14 23 74 €, gute Fischküche. An der Uferpromenade: Astor, Fischer-Ambiente, Tel. 3 24/8 16 80 16 € **AUSKUNFT:** Turizm Danışması Müdürlüğü, Otogar Binası 17 (beim Busbahnhof im Obergeschoss), an der Fernstraße Alanya–Silifke, Tel. 3 24/8 14 35 29, www.anamur.gov.tr/idari.htm; Tourist Information am Busbahnhof nah der Fernstraße Alanya-Fethiye, Tel. 3 24/8 14 35 29
KARTE ▶ S. 119, F 8

Ein Kindertraum von einer Burg: Über unbezwingbar hohen Mauern reckt sich ein weiter Ring von Zinnen zum Himmel, drunten schlagen die Wellen des Meeres an die alten Steine. Kann eine Festung schön sein? Diese ist es, Zinne um Zinne, Turm um Turm. 36 Türme zählt man.

Schon die Römer bauten auf dem gewachsenen Fels der Küste an dieser Burg, im 3. Jh. n. Chr. Später war sie Piraten eine willkommene Zuflucht. Ein Herrscher des turkmenischen Nomadenfürstentums Karaman baute im 13. Jh. innerhalb des Mauerrings wohl schon die drei Höfe aus, die durch Wehrmauern voneinander getrennt sind.

Die türkischen Osmanen, Nachfolger der nomadisch-rauen Karamaniden, legten mehr Wert auf Komfort, leisteten sich ein noch immer ansehnliches Brunnenhaus, ein Bad und natürlich auch eine Moschee. Auch wenn man schon viele Burgen gesehen hat, wird einen diese faszinieren, gerade weil sie noch nicht bis ins Letzte restauriert ist, sondern teils in Trümmern liegt – ein Freigelände zum Klettern auf schmalen Wehrgängen ohne Geländer, durch Türme, von denen tonnenschwere Mauerteile ins Meer gestürzt sind.

Burg ▶ Anamur İskelesi

Die Burg liegt in Sichtweite von Anamur İskelesi (»Hafen Anamur«); Stadt und Burg sind jedoch an der schilfgrünen Küste durch den Dragon-Fluss voneinander getrennt. Die Hotels an der Uferpromenade bieten noch den Vorzug der Ruhe, an den manchmal überfluteten Ufern des Dragon-Flusses breitet sich eine grüne Felderlandschaft aus. Der breite Strand zieht sich lang nach Osten und Westen hin, östlich anfangs nahe der Straße, westlich eben nach Anamur İskelesi hinüber, dem kleinen Hafen und Badeort.

Anamur İskelesi ▶ Anamurium

Wenige Kilometer weiter westlich liegen am südlichsten Punkt der kleinasiatischen Küste die Ruinen von Anamurium. Im 4. Jh. v. Chr. gegründet, wurde die Stadt im 7. Jh. infolge der Araberstürme aufgegeben, dann noch einmal im 12. und 13. Jh. von Armeniern bewohnt. Ihre Hauptrolle spielte die Hafenstadt beim Handel mit Zypern, außerdem war sie Zentrum fruchtbarer Landwirtschaft. Neben der weitläufigen Nekropole (350 registrierte Gebäude!) am Hügelhang, einer mehrstöckigen römischen Thermenanlage, der Palästra (Sportanlage) und dem Odeion sind vor allem noch Mosaiken übrig. Um sie in den teilweise labyrinthischen Ruinen aufzufinden, erkundigt man sich am besten nach einem Führer.

Anamurium ▸ Anamur

Immerhin über 60 000 Einwohner zählt die Stadt Anamur, die jenseits der küstenparallelen Nationalstraße 400 am flach ansteigenden Hang des kilikischen Gebirges liegt, etwa 6 km vom antiken Anamurium entfernt. Es ist der größte Ort zwischen Alanya und Silifke. Bleibt noch Zeit, lohnt ein Abstecher hinauf: Oberhalb der Straße und des Ensembles von Tankstellen und Busbahnhof geht es in nahezu touristenfreie Gassen mit Läden, Kebab Salonus und Handwerksbetrieben – typisch türkische Provinz.

Anamur ▸ Hinterland

Im Bergland mit der Schlucht des Dragon-Flusses sind zwei Tropfsteinhöhlen zu besichtigen, bei Ovabağı (17 km) und bei Omançık an der Straße nach Ermenek (55 km). Die Köşekbuğu-Höhle bei Ovabağı ist zwar nur rund 500 qm groß, zeigt aber elektrisch angeleuchtete Tropfsteine. Dagegen verheißt das erst 1990 entdeckte Çukurpinar-Höhlensystem möglicherweise sensationelle Erlebnisse. Es ist als das zweitgrößte aller bisher entdeckten Höhlensysteme bezeichnet worden.

INFORMATIONEN

Burg Anamur und Museum

15 km westl. von Bozyazı, westl. der Hafenmole • tgl. 8–12 und 13–16.30, Burg Di–So 8–17 Uhr

Strategisch günstig, direkt gegenüber von Zypern, liegt die mächtige Burg Anamur (▸ S. 92). Ihr Ursprung reicht bis in die Römerzeit zurück.

Zu den Hethitern von Karatepe – Ein großartiges Freilichtmuseum 🔟

CHARAKTERISTIK: Spaziergang durch eines der schönsten Freilichtmuseen der Türkei **ANFAHRT:** etwa 120 km von Adana, 165 km von Antakya **DAUER:** Tagesausflug oder beliebig länger **LÄNGE:** Wegstrecke vor Ort etwa 2 km – oder mehr, je nach Wanderlust • Park und Museum von Sonnenaufgang bis Sonnenuntergang geöffnet **MUSEUM:** Im Sommer 8.30–12.30 und 14–17.30 Uhr, im Winter 8–12 und 13–17 Uhr • Fotografieren verboten **EINKEHRTIPPS:** Lunchpaket mitbringen • nächste Restaurants in Osmaniye (34 km vom Park, dort nur Erfrischungen), z.B. Kale-Hotel, Dr. Ahmet Kalkan Caddesi 27 (nicht weit vom Busbahnhof) €€ **AUSKUNFT:** Tourist Information Adana, Atatürk Caddesi 13, Tel. 3 22/3 59 19 94 **KARTE ▶ S. 121, E 10**

»Der Karatepe genannte Ausgrabungsplatz liegt etwa fünf Reitstunden südöstlich von Kadirli entfernt« – so beginnt der erste Bericht über die 1945 in der Wildnis am »Schwarzen Berg« (= Karatepe) entdeckten Skulpturen und Reliefsteine.

Adana ▶ Karatepe

Heute reist man mit dem Auto rasch über die Autobahn von Adana und weiter über eine Landstraße von Osmaniye nach Karatepe.

Ein 7000 qkm großes Gebiet wurde zum Nationalpark Karatepe-Aslantaş erklärt. Man kann wandern, baden – und die Ausgrabungsstätte Karatepe besuchen. Die Zufahrt zum Parkplatz ist etwa 2 km lang, für Picknicktische, Holzkohlengrills, Getränke und Camping ist gesorgt. Zur archäologischen Szene steigt man dann noch knapp einen halben Kilometer hügelan.

Park ▶ Palast

Zum eigenen, besonderen Reiz dieses Platzes gehört, dass die monumentalen Reliefs, die Musiker bei einem Festmahl, Jäger und Bootsfahrer darstellen, ebenso wie die überlebensgroßen Skulpturen des Königs und des hethitischen Wettergottes sowie die mächtigen, menschenköpfigen geflügelten Löwen an Ort und Stelle zu sehen sind, frei am Palasthügel, nur mit lichten Dachkonstruktionen geschützt. Die beiden Wissenschaftler, die für diese überzeugende Präsentation sorgten, waren der deutsche Professor Helmuth Bossert und seine türkische Assistentin Halet Cambel (später eine prominente Archäologin).

Neben den großen Skulpturen und Reliefs kam als wichtigster Fund am Karatepe eine Bilingue, ein zweisprachiger Text, auf Steintafeln zutage: der lang gesuchte Schlüssel zur Entzifferung der hethitischen Hieroglyphen. Seither weiß man viel mehr über dieses legendäre indoeuropäische Volk.

Auf einer Tafel ist die Übersetzung des phönizisch-hethitischen Textes auf dem Karatepe-Stein aus dem 8. Jh. v. Chr. zu lesen, eine Lobrede des Hethiterkönigs Arsativatas auf das von ihm geschaffene Friedensreich: »… auf den Straßen, auf denen Männer nicht alleine gehen konnten, gehen in meinen Tagen die Frauen spinnend ihres Weges. In meinen Tagen herrschte Wohlstand, Wohlsein und Herzensfriede.«

Zum St. Simeon-Stilitis-Kloster –
An die Grenze zur arabischen Welt

CHARAKTERISTIK: Meditation in grandioser Bergeinsamkeit **FAHRTSTRECKE:**
27 km südwestlich von Antakya (nach etwa 11 km Abzweigung von der Hauptstraße)
DAUER: Halbtages- oder Tagesausflug **LÄNGE:** etwa 2 km (eine Richtung) **EIN-
KEHRTIPP:** Nur dörfliche Imbiss-Gelegenheiten an der Zufahrtstraße von Antakya
AUSKUNFT: Tourist Information Antakya (▸ S. 81), Vali Ürgen Alanı
47, Tel. 3 26/2 16 06 10
KARTE ▸ S. 121, E 12

Auf windumwehter Höhe erinnert
eine Klosterruine an einen seltsa-
men Heiligen. Grandios ist der Ausblick auf Meer und Gebirge! Für diese Exkursion ins Küstengebirge südlich von Antakya sollten Sie ein ver-
lässliches Fahrzeug haben.

Antakya ▸ Aknehir Köyü
Zuvor jedoch geht es nach kurzer
Anfahrt auf der Straße von Antakya
nach Samandağ linker Hand durch
das Tal des Karaçay nach Aknehir
Köyü (kleines Hinweisschild: »St. Simeon Stilitis Monastry«). Die Landschaft blüht in mediterraner Schönheit, die Durchfahrten bergan werden immer enger.

Kuppelgrab ▸ Simeonskloster
Auf den macchiaüberwachsenen
Höhen begegnet man nur noch Hirten, hält von den Serpentinen der
Straße erst einmal vergeblich Aus-
schau nach der Klosteranlage. Statt-
dessen wölbt sich eine weiße Kuppel
in den Berghimmel, ein muslimi-
sches Pilgerziel mit bescheidener
Herberge. Vor dem Eingang haben
Pilger an einen sehr kleinen Wunsch-
baum Schleifen und Bänder geheftet.
Jetzt heißt es, nicht aufgeben, sondern zum nächsten Hügel weiterfahren. An einer Weggabelung an-
schließend links halten, nicht tal-
wärts rechts! Auch die letzte Weg-

strecke ist neuerdings asphaltiert,
man kann mit dem Wagen bis zum
Kloster des hl. Simeon fahren.
Eidechsen huschen über den Fels,
Schmetterlinge schweben in der
Bergstille. Griechisch »Stylos« heißt
Säule, und auf der Plattform einer
Säule verbrachte mancher Eremit einen großen Teil seines Lebens. So
auch Simeon Stilitis der Jüngere: Er
lebte im 6. Jh. – geboren um 521, ge-
storben 592 oder 596. Er war also ein
Zeitgenosse des byzantinischen Kai-
sers Justinian. Sein Vorbild war der
weit berühmtere Simeon Stilitis der
Ältere (um 390–459), zu dessen Ge-
denken nordwestlich vom syrischen
Aleppo das Qalat Deir Samaan erbaut wurde, zu Deutsch gleichfalls:
Sankt-Simeons-Kloster. Von diesem
syrischen Simeonskloster ist das auf
türkischem Boden gelegene Simeonskloster nur etwa 100 km Luftlinie
entfernt. Auch beim Jüngeren der
beiden Simeons suchten viele Gläubige Rat. So hoch angesehen war er,
dass die Bürger Antiochias nach
dem verheerenden Erdbeben von
458 in Scharen zu ihm pilgerten und
ihn sieben Wochen lang anflehten,
in ihrem Namen Gott um Gnade zu
bitten. Dementsprechend entsetzt
waren sie, als Simeon Stilitis auf seiner Säule im folgenden Jahr starb.

Fröhliches Ernten: Die Çukurova-Ebene
bei Adana (▶ S. 74) zählt zu Europas
größten Baumwoll-Anbaugebieten. Die
meiste Arbeit erledigen die Frauen.

Wissenswertes über
die türkische Südküste

Nützliche Informationen für einen gelungenen
Aufenthalt: Fakten über Land, Leute und Geschichte
sowie Reisepraktisches von A bis Z.

Auf einen Blick

Mehr erfahren über die türkische Südküste – Informationen über Land und Leute, von Bevölkerung über Religion und Sprache bis Wirtschaft.

AMTSSPRACHE: Türkisch
EINWOHNERZAHL: ca. 8 706 000
Mittelmeer-Region (Akdeniz-Region)
FLÄCHE: 120 000 qkm (15,4 % des
Staatsterritoriums der Türkei)
GRÖSSTE STADT: Adana,
ca. 2 Mio. Einwohner
HÖCHSTER BERG: Kızlar Sivrisi
Tepe, 3086 m, weit im Osten
INTERNET: www.kultur.gov.tr
RELIGION: ca. 99 % Moslems (in der
Mehrzahl Sunniten, doch auch rund
ein Drittel religiös weniger strenge,
Schiiten-nahe Alewiten)
STAATSFORM: Parlamentarische
Republik
WÄHRUNG: TL, Neue Türkische Lira
(Yeni Türk Lira), seit 2005

Bevölkerung

Der relativ schmale Küstenstreifen ist stark bevölkert, die Bevölkerungsdichte in der pamphylischen Ebene nördlich von Antalya hat in den letzten Jahrzehnten durch Zuwanderung aus Inner- und Ostanatolien erheblich zugenommen. Außer der überwiegend türkischen Mehrheit haben sich in neuester Zeit besonders in den Touristenorten Antalya und Alanya auch Einwanderer aus Mittel- und Westeuropa niedergelassen. Nicht zu vernachlässigen ist auch die Zahl der türkischen Rückkehrer, die viele Jahre als Arbeiter in europäischen Ländern verbracht haben. Sie sind oft geschickte Mittler zwischen beiden Welten.

◄ So mancher Straßenhändler verdient sein tägliches Brot mit Sesamringen.

Lage und Geografie

Die türkische Südküste zieht sich mit vielen großen und noch mehr kleinen Buchten in der Hauptrichtung von Westen nach Osten. Die Luftlinie von Marmaris bis Adana, wo die Küste um einen engen Golf herum ihre Richtung nach Süden wechselt, misst ca. 800 km. Landwärts dehnt sich die Türkei von Adana noch einmal 1000 km weiter nach Osten aus – als »Küstenfahrer« lernt man also nicht einmal die Hälfte der West-Ost-Ausdehnung kennen.

Der Küstenstreifen wird nach Norden vom Taurusgebirge begrenzt, das rau und malerisch, zum Teil waldbewachsen, mit einigen Gipfeln bis zu 3000 und sogar fast 4000 m ansteigt. Die Türkei liegt über den Rändern von vier geologischen Platten; katastrophale Erdbeben, besonders im Norden, waren schon die Folge.

Religion

Die Bevölkerung ist islamischen Glaubens hauptsächlich der sunnitischen Richtung und einer unbekannten Zahl von Aleviten, in einer lockeren Mischung von weltoffenen Gläubigen und Strenggläubigen. Dabei ist die Religion der Aleviten den Schiiten nahe, lässt den Gläubigen aber mehr Freiheit, zum Beispiel im Auslegen des Korans. Die Gebote der Aleviten – nicht töten, nicht stehlen, nicht verleumden, nicht ehebrechen – sind den christlichen ähnlich. Fünfmal am Tage werden die Muslime von den Moscheen aus zum Gebet gerufen – nicht alle folgen jedem Ruf, jedoch wird das verlangte Verbot von Schweinefleisch und Alkohol mehrheitlich eingehalten, ebenso wie das Fasten im Ramadan.

Sprache

Amtssprache ist Türkisch, das seit 1928 durch eine Reform des Staatsgründers Atatürk mit lateinischen Buchstaben geschrieben wird. Im Osten gibt es vereinzelt arabische Sprachinseln. Auch das Kurdische, eine dem Persischen verwandte Sprache in Ostanatolien, ist jetzt nicht mehr verboten. Die Türken sind sprachlich geschickt, durch Auslandserfahrung und Tourismus können etliche sich gut auf Englisch oder Deutsch verständigen.

Wirtschaft

Die Türkei ist kein armes Land. Das ist wahr, ebenso wahr aber auch: Millionen von Türken sind arm. Unter Armut leiden viele Dorfbewohner, aber auch viele, die aus ihrem Dorf in die Slums der Großstädte geflüchtet sind. In der Landwirtschaft ist rund ein Drittel der Arbeitskräfte tätig. Sie tragen mit ihren Exporten von Tabak, Baumwolle, Weizen und anderem einen viel kleineren Betrag zum Bruttoinlandsprodukt bei als, bei vergleichbarer Beschäftigtenzahl, der Dienstleistungssektor – der bringt es dank der Zuwachsraten im Tourismus auf zwei Drittel des BIP. Die Industrie exportiert Stein- und Braunkohle, Eisenerz, Kupfer, Chrom.

Im Tourismus fährt die Türkei die Ernte der vor drei Jahrzehnten begonnenen Investitionen ein. Nach zögerlichem Anlauf löste das Süd-Antalya-Projekt einen trotz Einbrüchen dauerhaften Boom aus. 26 Millionen Gäste wählten für ihren Urlaub die Türkei, und noch immer werden neue Ferienzentren geplant.

Geschichte

8.–6. Jahrtausend v. Chr.
Früheste Siedlungen, wie Çatal Hüyük südlich vom heutigen Konya.

2. Hälfte 4. Jahrtausend v. Chr.
Bei Mersin Mauer mit Stadttoren.

1. Hälfte 3. Jahrtausend v. Chr.
Mehr als sieben Meter tiefe Siedlungsschichten in Tarsus.

Seit 1200 v. Chr.
Dorische, dann ionische und äolische Wanderung – griechische Besiedlung der kleinasiatischen Ägäisküste. Trojanischer Krieg.

11. Jahrhundert v. Chr.
Gründung von Milet und anderen Griechenstädten, bald auch an der Südküste, u. a. Perge.

8. Jahrhundert v. Chr.
Hethiterkönig Arsativatas gründet Karatepe-Aslantaş östlich von Adana, heute Nationalpark und Museum.

seit 546 v. Chr.
Persisches Großreich unterwirft Lykien und die Griechenstädte der Küste. Jahrhundertelange Konflikte.

333 v. Chr.
Alexander der Große siegt bei İssos (nördlich von Antakya) über das Perser-Heer des Großkönigs Darius.

300 v . Chr.
Unter dem Namen Antiochia wird das heutige Antakya gegründet.

123 v. Chr.
Westanatolien wird als »Provinz Asia« römisch, bald auch Kilikien.

67 v. Chr.
Feldherr Pompejus unterwirft die Seeräuber der Südküste.

45–56 n. Chr.
Missionsreisen des Paulus u. a. durch Kilikien.

325–337
Konstantin der Große regiert. Glaubensbekenntnis von Nikäa.

330
Byzanz (Konstantinopel) wird neue Reichshauptstadt (Nova Roma).

610–641
Kaiser Herakleos regiert. Ostrom wird Byzantinisches Reich, Griechisch wird Staatssprache. Araber-Heere in Anatolien.

1071
Das Heer des byzantinischen Kaiserreichs unterliegt bei Mantzikert (Malazgırt, 50 km nördlich vom Van-See in der Osttürkei) den Türken. Beginn der türkischen Eroberung und Besiedlung Anatoliens.

11.–13. Jahrhundert
Königreich Kleinarmenien in Kilikien.

1190
Kaiser Barbarossa, Anführer des dritten Kreuzzugs, ertrinkt im Göksu (Saleph) vor Silifke.

1256
Im Taurusgebirge entsteht das Fürstentum (Beğlik) der Karamaniden, eines der mächtigsten turkmenischen Emirate an der Südküste.

1453

Die Osmanen erobern Konstantinopel, werden zur Großmacht.

1829

Griechenland hat sich seine Unabhängigkeit vom Osmanischen Reich erkämpft, die in der Antike griechisch besiedelte Küste Kleinasiens bleibt unter türkischer Herrschaft.

seit 1830

Rekultivierung der Çukurova-Ebene bei Adana, Zwangsansiedlung von Nomaden.

1918

Das Osmanische Reich gehört zu den Verlierern des Ersten Weltkriegs.

1922

Kemal Paşa (Atatürk) führt den national-türkischen Widerstand gegen die Besetzung des Landes zum Sieg, türkische Truppen erobern Westanatolien und İzmir zurück.

1923

Friedensvertrag von Lausanne, türkisch-griechischer Bevölkerungsaustausch, Türken verlassen Nordgriechenland, Griechen nach 2500 Jahren die Südküste. Gründung der türkischen Republik.

1928

Einführung der lateinischen Schrift.

1938

Tod Mustafa Kemal Paşa Atatürks.

1939

Die Provinz Hatay, die nach dem Ersten Weltkrieg als französisches Mandatsgebiet zu Syrien gehörte, schließt sich der Türkei an.

1945

Im Zweiten Weltkrieg bleibt die Türkei neutral. Einführung des Mehrparteien-Systems.

1952

NATO-Mitgliedschaft.

1960, 1971, 1980

Türkische Militärputsche.

1974

Türkische Truppen besetzen nach Übergriffen von Inselgriechen gegen die türkischstämmige Minderheit den Nordteil Zyperns.

1982

Neue Verfassung.

1991

Das Ende der UdSSR bringt der Türkei neues Gewicht und starken Einfluss in den Turk-Republiken der GUS (ehemals der SU zugehörig).

1996

Zollunion mit der EU. Die islamistische Wohlfahrtspartei bildet eine kurzlebige Koalitionsregierung.

2000

Nach dem Ende der Kämpfe mit der Rebellengruppe PKK neue Attraktivität der Türkei als Tourismusland.

2008

Auf der Frankfurter Buchmesse ist die Türkei Ehrengast.

2011

Große Erweiterungspläne für die touristischen Regionen. Nördlich von Antalya sind 50 000 neue Hotelbetten vorgesehen, auf einem Gelände von 30 000 Hektar.

Sprachführer Türkisch

Ausspracheregeln

c – dtsch, wie in »Dschungel«

ç – tsch, wie in »Tschako«

ğ – längt die Vokale im Auslaut, schwach zu hören zwischen dunklen Vokalen wie ein deutsches »j«

ı – wie unbetontes deutsches »e«, z. B. in »schwimmen«

j – wie in französisch »journal«

s – immer scharf, wie in »Fass«

ş – wie deutsches »sch«

z – das weiche deutsche »s« wie in »singen«

y – wie deutsches »j«. Zusammen mit Vokalen bildet es die Diphtonge, »ay« wie in »Ei«, »ey« wie in englisch »saint«, »oy« wie »äu«

Wichtige Wörter und Ausdrücke

ja – evet

nein – hayır

bitte – lütfen

danke – teşekkür ederim/sağ olun

Wie bitte? – efendim?

Ich verstehe nicht – anlamadım

Entschuldigung – özür dilerim/ affedersiniz

Guten Morgen – günaydın

Guten Tag – iyi günler

Guten Abend – iyi akşamlar

Hallo – merhaba

Ich heiße … – ismim …

Ich komme aus – … 'den/… 'dan geliyorum

Wie geht's? – nasılsınız?/nasılsın?

Danke, gut – teşekkür ederim, iyiyim

Wer, was, welcher? – kim?, ne?, hangi?

Wie viel? – kaç?, ne kadar?

Wo ist? – … nerededir?

Wann? – ne zaman?

Wie lange? – ne kadar?

Sprechen Sie Deutsch? – Almanca biliyor musunuz?

Auf Wiedersehen – iyi günler!

heute – bugün

morgen – yarın

gestern – dün

Zahlen

eins – bir

zwei – iki

drei – üç

vier – dört

fünf – beş

sechs – altı

sieben – yedi

acht – sekiz

neun – dokuz

zehn – on

hundert – yüz

tausend – bin

hunderttausend – yüzbin

eine Million – milyon

Wochentage

Montag – pazartesi

Dienstag – salı

Mittwoch – çarşamba

Donnerstag – perşembe

Freitag – cuma

Samstag – cumartesi

Sonntag – pazar

Unterwegs

Wie weit ist es nach …? – ne kadar uzaktır?

Wie kommt man nach …? – … 'e/… 'a nasıl gidilir …?

Wo ist…? – nerededir …?

– die nächste Werkstatt – en yakın tamiratçı

– der Bahnhof/ Busbahnhof – gar/otogar

– die nächste U-Bahn/Bus-Station – en yakın metro istasyonu/otobüs durağı

– der Flughafen – havaalanı

– Touristeninformation – turizm danışması

– die nächste Bank – en yakın banka

– die nächste Tankstelle – en yakın benzin istasyonu

– ein Arzt/eine Apotheke – bir doktor/bir eczane

Bitte volltanken! – doldurun, lütfen

Normalbenzin – normal (benzin)

Super – süper

Diesel – mazot

bleifrei – kurşunsuz

rechts – sağ

links – sol

geradeaus – düz

Ich möchte ein Auto/ein Fahrrad mieten – bir araba/bir bisiklet kiralamak istiyorum

Wir hatten einen Unfall – bir kaza geçirdik

Eine Fahrkarte nach … bitte! – … 'e/…'a bir bilet, lütfen!

Ich möchte … Euro in … Türkische Lira wechseln – … Euro … Türk Lirası'na (liraya) bozdurmak istiyorum

Übernachten

Ich suche ein Hotel – bir otel arıyorum

Ich suche ein Zimmer für … Personen – oda …kişi için bir arıyorum

Haben Sie noch Zimmer frei? – boş odanız var mı?

– für eine Nacht – bir geceliğe

– für zwei Tage – iki günlüğe

– für eine Woche – bir haftalığa

Ich habe ein Zimmer reserviert – bir oda ayırtmışım

Wie viel kostet das Zimmer? – odanın fiyatı ne kadardır?

– mit Frühstück – kahvaltı dahil

– mit Halbpension – yarım pansiyon ile

Kann ich das Zimmer sehen? – odayı görebilir miyim?

Ich nehme das Zimmer – odayı alacağım

Kann ich mit Kreditkarte zahlen? – kredi kartı ile ödeyebilir miyim?

Gesundheit

Apotheke – eczane

Arzt – doktor

Krankenhaus – hastane

Fieber – ateş

Schmerzen – ağrılar

Kopf – baş

Zahn – diş

Hals – boğaz

Magen – mide

Herz – kalp

Ohr – kulak

Auge – göz

Schmerztabletten – ağri tableti

Kohletabletten – karbon tableti

Einkaufen

Wo gibt es …? – nerede var?/nereden alabilirim?

Haben Sie…? – … iniz/… ınız/ … unuz/… ünüz var mı?

Wie viel kostet das? – bunun fiyatı nedir?

Das ist zu teuer – bu çok pahalıdır

Geben Sie mir bitte 100 g/ein Pfund/ein Kilo – bana yüz gram/ yarım kilo/bir kilo verir misiniz?

Danke, das ist alles! – bu kadardır, teşekkür ederim!

geöffnet/geschlossen – açık/kapalı

Bäckerei – pastane

Kaufhaus – mağaza

Markt – pazar/çarşı

Metzgerei – kasap

Haushaltswaren – mutfak eşyaları

Lebensmittelgeschäft – bakkal

Briefmarken für einen Brief/eine Postkarte nach Deutschland/ Österreich/in die Schweiz – Almanya'ya/Avusturya'ya/Isviçre'ye bir mektup/bir kart postal için bir pul

Kulinarisches Lexikon

Im Restaurant

Die Speisekarte bitte – mönüyü rica edebilir miyim

Die Rechnung bitte – hesabı getirir misiniz oder hesap lütfen

Ich hätte gerne einen Kaffee – bir kahve alabilir miyim

Wo finde ich die Toiletten (Damen/Herren)? – tuvaletler nerededir (bayanlar/baylar)?

Gabel	çatal
Glas	bardak
Löffel	kaşık
Messer	bıcak
Teller	tabak
Wasser	su
Mineralwasser	maden suyu
Kellner	garson
Frühstück	kahvaltı
Mittagessen	öğle yemeği
Abendessen	akşam yemeği

A

aci – scharf, bitter

Adana kebabı – Spieß aus scharf gewürztem Hackfleisch

afiyet olsun! – guten Appetit!

ahtapot – Oktopus

akşam yemeği – Abendessen

alabalık – Forelle

Antep ezmesi – scharfe Vorspeise mit Tomaten und Pistazien

ara sıcaklar – warmes Zwischengericht

armut – Birne

aşure – süßer Getreidepudding

az şekerli – schwach gesüßt

B

badem – Mandel

bahşiş – Trinkgeld

bakar mısınız – Herr Ober!

baklava – in Sirup getränkter Blätterteigkuchen mit Nüssen

bal – Honig

balık – Fisch

bamya – Okraschote

barbunya – Seebarbe

bardak – Glas

beyaz peynir – Schafskäse

beyaz şarap – Weißwein

beyin – Hirn

bezelye – Erbsen

biber – Paprika, Pfeffer

bıçak – Messer

bıldırcın – Wachtel

bira – Bier

börek – Blätterteigspeisen, Füllungen meist aus Käse (peynir), Hackfleisch (kıyma) oder Spinat (ispanak)

bonfile – Steak

bulgur – Weizenschrot, Kuskus

buz – Eis, Eiswürfel

C/Ç

cacik – Joghurt mit Dill, Gurke und Knoblauch

çatal – Gabel

çay – Tee

Çerkes tavuğu – Hühnerfleisch in Walnusssauce

çiğ köfte – scharfe Fleischbällchen aus rohem Rindshack

ciğer – Leber

çilek – Erdbeere

çoban salatası – gemischter Salat

çorba – Suppe

D

dana eti – Kalbfleisch

demi sek – halbtrocken

dil balığı – Scholle

dolmalar – gefüllte Gemüse (meistens Zucchini und Paprika)

domates – Tomaten

düğün çorbası – legierte Fleischbrühe

E

ekmek – Brot

ekmek kadayıfı – sirupgetränkter Kuchen

Elbasan tavası – Lammfleisch in Joghurtsauce

elma – Apfel

elma suyu – Apfelsaft

enginar – Artischocke

erik – Pflaume (meist roh gegessen)

et, etler – Fleisch(-gerichte)

ezmeler – pürierte Gemüse, salzige Creme

ezo gelin – Rote-Linsen-Suppe

F

fasulye – Bohnen (taze – grün; kuru – Bohnenkerne)

fava – Bohnenpüree

fincan – Tasse

fındık – Nuss

fırında – überbacken

fıstık – Pistazien

fıstık pilav – Reis mit Pistazien, Pininenkernen und Rosinen

G

gözleme – dünne, gefüllte Teigblätter

güllaç – Süßspeise aus Reisteig und Nüssen, mit Rosenwasser parfümiert

güveç – im Ofen geschmortes Gericht

H

hamsi – kleine Schwarzmeersardelle

haşlama – mit Wurzelgemüse gekochtes Fleisch

havuç – gelbe Rübe

helva – feste Nachspeise, sehr süß

hindi – Truthahn

hoşaf – Kaltschale aus Früchten

humus – Kichererbsenpüree

hünkâr beğendi – Lammfleisch in Auberginen-Käse-Püree

I/İ

iç pilav – Reis mit Pinienkernen, Zwiebeln und Leber

içecek – Getränk

içki, içkiler – alkoholisches Getränk, alkoholische Getränke

içkisiz – ohne Alkoholausschank

içli köfte – mit Lammfleisch gefüllte Weizenschrotbällchen

incir – Feige

imam bayıldı – mit Gemüse gefüllte Aubergine, kalt gegessen

irmik helvası – helva aus Gries

işkembe çorbası – Kuttelsuppe

İskender kebabı – döner kebap mit Tomatensauce und Butter auf pide

ıslama köfte – Fleischbällchen, angefeuchtet gegrillt

ispanak – Spinat

ızgara, ızgaralar – gegrillt, Grillspezialität

İzmir köftesi – Fleischbällchen in Sauce

K

kabak dolması – gefüllte Zucchini

kadınbudu köfte – Fleischbällchen mit Reis, in Eiteig ausgebacken

kâğit kebabı – Lammfleisch mit Gemüsen in eigenem Saft

kahvaltı – Frühstück

kahve – Kaffee

kalbura bastı – Gebäckkringel in Sirup

kalkan – Steinbutt

karabiber – schwarzer Pfeffer

karagöz – Seebrasse

karides – Krabben, Garnelen

karnabahar – Blumenkohl

karnıyarık – mit Hackfleisch gefüllte Auberginen

karpuz – Wassermelone

kaşar peyniri – Hartkäse

kaşık – Löffel, Suppenlöffel

kavun – Honigmelone

kayısı – Aprikose
kazandibi – Süßigkeit aus Milch, an der Unterseite karamellisiert
kefal – Seebarbe
kelle paça – Fleisch von Lammschädel und -läufen
kereviz – Sellerie
keşkül – Milchsüßspeise mit Reismehl und Nüssen
kestane – Kastanie
kestane ezmesi – süße Kastaniencreme
kılıç balığı – Schwertfisch
kimyon – Kreuzkümmel
kiraz – Süßkirsche
kırmızı şarap – Rotwein
kıyma – Hackfleisch
kızartma – in Öl ausgebackene Gemüse, vor allem Zucchini (kabak), Aubergine (patlıcan), grüne Paprika (biber) und Kartoffeln (pomfrit)
köfte – Fleischbällchen
koyun eti – Hammelfleisch
kumpir – Backkartoffel, gefüllt
kurabiye – Plätzchen
kuzu dolması – mit Reis gefülltes Lammfleisch
kuzu eti – Lammfleisch

L
lahana – Kohl
lahmacun – mit Fleischpaste bestrichene Brotfladen
levrek – Seebarsch
limam bayıldı – gefüllte Auberginen in Olivenöl
limon – Zitrone
liste, yemek listesi – Speisekarte
lokma – Teigkügelchen in Sirup

M
maden suyu – Mineralwasser
makarna – Nudeln
mantı – Teigtäschchen mit Knoblauchsauce

mantar – Pilze
marul – Eisbergsalat
maydanoz – Petersilie
mercan – Rotbrasse
mercimek – Linsen
meyva – Obst
– suyu – Obstsaft
mezeler – Vorspeisen
midye dolması – mit Reis gefüllte Muscheln
mönü – Speisekarte
mücver – Zucchini-Küchlein
muz – Banane

N
nar – Granatapfel
nohut – Kichererbse

O
öğle yemeği – Mittagessen
ördek – Ente
orman kebabı – Lammfleisch mit Kräutern und Pilzen

P
palamut – Thunfisch
pancar – rote Rüben
pastırma – luftgetrockneter Rindsschinken in Paprikahülle
patates – Kartoffeln
patlıcan – Aubergine
– ezmesi – Auberginenpüree
– kızartması – frittierte Auberginen-Scheiben
peçete – Serviette
pekmez – Sirup aus Weintrauben
peynir – Käse
pide – Fladenbrot, auch im Ofen gebacken mit kıyma (Hackfleisch) oder peynir (Käse)
pilav – Gericht aus Reis, Weizenschrot o.Ä.
piliç – Hähnchen
pirasa – Lauch
pirinç pilav – Reis
pirzola – Lammkotelett

pişmiş – gekocht, »durch«
piyaz salatası – Salat aus weißen
 Bohnen und Zwiebeln
portakal – Orange
pötifur – Petit Fours
puf böreği – börek aus Blätterteig

R
rakı – Anisschnaps
reçel – Marmelade (meist nicht
 geliert)
roka – Raukensalat
rosto – Rindsbraten aus dem Ofen

S/Ş
sakızlı muhallebi – Milchsüßigkeit,
 mit Mastik gewürzt
salam – Wurst
salatalık – Gurke
salep – Getränk aus gemahlener Or-
 chideenwurzel und Milch
sarımsak – Knoblauch
sarma – gefüllte Weinblätter
sebze, sebzeler – Gemüse, warme
 Gemüsegerichte
şeftali – Pfirsich
sek – Wein
şeker – Zucker
şekerli – süß, mit Zucker
şerefe! – Prost!
sıcak – heiß, warm
sigara böreği – fingerlange, mit Käse
 oder Hackfleisch gefüllte Blätter-
 teigröllchen
sığır eti – Rindfleisch
sirke – Essig
şiş kebap – Fleischstücke am Spieß
 gebraten
şişe – Flasche
soğan – Zwiebel
sosis – Frankfurter Würstchen
su – Wasser
sucuk – würzige Wurst
sumak – saures Gewürz
süt – Milch
sütlaç – Milchreispudding

T
tabak – Teller
talaş böreği – Blätterteig mit
 Fleischfüllung
tandır kebap – in eigenem Saft ge-
 backenes Fleisch
tas kebap – Lammfleisch, gedünstet
 mit Gemüsen
tava – in Teig getaucht und in Fett
 ausgebacken
tavuk – Huhn
 – suyu – Hühnerbrühe
taze – frisch, gerade erst fertig
 geworden
tereyağı – Butter
ton balığı – Thunfisch
tulumba – süße Teigspeise
türlü – Gericht mit verschiedenen
 Gemüsesorten
tuz – Salz

U
Urfa kebabı – wie Adana kebabi,
 nicht scharf
uskumru – Makrele
üzüm – Trauben

V
vişne – Sauerkirsche
 – suyu – Sauerkirschsaft

Y
yağ – Öl, Fett
yayla çorbası – Hühnersuppe mit
 Jogurt, gewürzt mit Pfefferminz
yemek – Essen, besonders gekochte
 und gedünstete (im Gegensatz zu
 rohen und gebratenen) Gerichte
yengeç – Krebs
yumurta – Ei (rafadan – weich gekocht, hazırlop – hart gekocht)

Z
zerde – süß aromatisierter Reis
zeytin – Oliven
zeytinyağ – Olivenöl

Reisepraktisches von A–Z

ANREISE

MIT DEM FLUGZEUG

Wer sich die Mühe macht, bei verschiedenen Charter-Anbietern die Preise zu vergleichen, kann den Flug nach Dalaman, Antalya oder Adana sehr günstig bekommen – die Flugfrequenz ist in den letzten Jahren enorm gewachsen. Für den Linienverkehr bieten **Turkish Airlines** (THY, Türk Hava Yolları) ermäßigte Tarife für Senioren an.

Auf www.atmosfair.de und www.myclimate.org kann jeder Reisende durch eine Spende für Klimaschutzprojekte für die CO_2-Emission seines Fluges aufkommen.

MIT DEM BUS ODER MIT DEM AUTO

Die Anreise auf dem Landweg ist mittlerweile auch mit dem eigenen Auto nicht mehr so umständlich und verzögerungsträchtig wie noch vor wenigen Jahren. Fragen Sie wegen der aktuellen Kosten für Transit-Visa beim ADAC nach, für ADAC-Mitglieder gibt es auch Kartenmaterial. Entschieden verbessert wurde der Zustand der Autobahnen auf der Balkanroute (▸ S. 112).

MIT DEM SCHIFF

Ganzjährig verkehren Autofähren der **Marmara Lines** zwischen Ancona und Çeşme (bei İzmir). Die Preise sind je nach Kabinenqualität und Vor-, Hoch- und Nachsaison verschieden. Ein Platz in einer 2-Bett-Außenkabine Oberdeck kostet z.B. 200 €, ein Platz im Pullmann-Schlafsessel 135 €. Dazu kommen 55 € Hafengebühr. Ermäßigungen für Kinder, Studenten und Gruppen.

Reiseagentur RECA – Marmara Lines
Neckarstr. 37, Sindelfingen • Tel. 0 70 31/86 60 10 • www.marmaralines.com • Filialen in München, Augsburg, Pforzheim und Basel

MIT DER BAHN

Nach jahrelangen Schwierigkeiten ist die Benutzung von Autoreisezügen von der österreichischen (Villach) oder ungarischen Grenze zur türkischen wieder ohne große Verspätungen möglich (Fahrtdauer etwa 24 bis 28 Stunden).

AUSKUNFT

IN DEUTSCHLAND, ÖSTERREICH UND DER SCHWEIZ

Staatliches Türkisches Fremdenverkehrsamt
– Rungestr. 9, 10179 Berlin • Tel. 0 30/2 14 37 52 und 2 14 38 52 • berlin@goturkey.com
– Baseler Str. 35–37, 60329 Frankfurt • Tel. 0 69/23 30 81, -82 • www.tuerkey-tourismus-kultur.de
– Singerstr. 2/8, 1010 Wien • Tel. 0 22/5 12 21 28, -29 • www.turkinfo.at
– Stockerstr. 55, 8002 Zürich • Tel. 0 44/2 21 08 10, -12 • www.tuerkeitourismus.ch

IN ANTALYA

Tourist Information
– Cumhuriyet Mah. Özel Idare ish. Alti 2 • Tel. 2 42/2 41 17 47 • tgl. 8–19, im Winter 8–17 Uhr
▸ Klappe hinten, d 2/3
– Selçuk Mah. Mermerli sk. Kaleiçi • Tel. 2 42/2 47 05 41 und 2 47 62 98 • tgl. 8–19, im Winter 8–19 Uhr
▸ Klappe hinten, d 2/3

Informationsmöglichkeiten im Internet

www.tuerkei-ferien.de, www.antalya.de, www.antalya-info.de

BEHINDERTE

Es gibt heute eine Reihe von Hotels, die zumindest einzelne entsprechend ausgestattete Zimmer anbieten. Auf der Website www.antalya.de sind rund zwei Dutzend solcher Hoteladressen aufgeführt.

Eine Agentur mit Angeboten für Behinderte ist Grabo-Tours, Rennweiler Str. 5, D-66903 Ohmbach, Tel. 0 63 68/77 44, www.grabotours.de.

BUCHTIPPS

Orhan Pamuk: Schnee (Hanser, 2009; übersetzt von Christoph K. Neumann) Der Roman des Nobelpreisträgers spiegelt die schwierige Geschichte der Türkei zwischen Tradition und Moderne wider.

Klaus Kreiser und Christoph K. Neumann: Kleine Geschichte der Türkei (Reclam, 2009) Viel gelobt, sogar ins Türkische übersetzt.

Türkische Küche. Unwiderstehliche Rezeptideen (Parragon, 2009) Mit Schritt für Schritt-Anleitung.

Außerdem ist zur türkischen Südküste ein **MERIAN Magazin** im Handel erhältlich (TRAVEL HOUSE MEDIA, 2011).

DIPLOMATISCHE VERTRETUNGEN

Deutscher Honorarkonsul

Yeşilbaçe Mah., 1447 Sok., Gürkanlar Apt., Kat. 5, No 14, 07050 Antalya • Tel. 2 42/3 22 94 66 und 3 12 25 35

Österreichischer Honorarkonsul

Vasco Turizm, Caglayan Mahallesi, 2054 Sokakl No. 8, 07230 Barinaklar/Antalya • Tel. 2 42/2 49 03 30

Schweizer Konsulat

c/o Pamfilya Tourism Inc.
Işiklar Cad. No. 57/B, 07100 Antalya • Tel. 2 42/2 43 15 00

EINREISE

Reisende aus Deutschland und der Schweiz können ohne Visum in die Türkei einreisen. Reisende aus Österreich benötigen ein Visum, das an der Grenze beantragt wird.

EINTRITTSPREISE

Viele Museen etc. verlangen keinen oder nur einen geringen Eintritt.

FEIERTAGE

Offizielle Feiertage, an denen Läden, Banken und Behörden schließen:

1. Jan. Neujahrstag
23. April Tag der nationalen Unabhängigkeit und der Kinder
19. Mai Atatürk-Gedenktag, Tag der Jugend und des Sports
30. Aug. Tag des Sieges (über die Griechen, 1922)
29. Okt. Tag der Republik (Gründung 1923)

FKK

In Feriendörfern sonnt man sich schon mal »oben ohne«. FKK wird jedoch vermutlich auch weiterhin nur an exklusiven Privatstränden oder schwer zugänglichen Buchten praktiziert werden können.

FOTOGRAFIEREN

Das Fotografieren militärischer Anlagen ist verboten. Im Übrigen ist Takt gefordert: In Moscheen sollte man ebenso zurückhaltend fotografieren wie hierzulande in einer Kirche und Privatpersonen nicht ohne deren Einwilligung.

GELD

1 TL	0,40 €/0,50 SFr
1 €	2,48 TL
1 SFr	2,00 TL

Ausländische und türkische Währung darf unbegrenzt eingeführt werden. Achtung: Die neue Währung Yeni Türk Lira, Mehrzahl: Lirası (= Neue Türkische Lira) hat sechs Nullen weniger als die entsprechenden alten.

In der Türkei kann man vielerorts mit Euro bezahlen, auch mit Münzen. Beste Wechselkurse ohne überhöhte Kommission gibt's z. B. in den staatlichen Banken: Halkbank, Ziraat Bank und Vakıf Bank.

Banken sind in der Regel Mo–Fr 8.30–12.30 und 13.30–17.30 Uhr geöffnet, in den Urlaubszentren während der Sommermonate aber auch länger. **Kreditkarten** werden immer üblicher.

HAMAM

Keine Kopfsprünge, kein Rundendrehen – im türkischen Bad wird allenfalls geplantscht. Vor allem aber genießen Hamam-Besucher den entspannenden Aufenthalt in warmen, heißen oder zur Akklimatisierung auch lauen Badebecken, oder sie übergießen sich mit Wasser, das aus den Wänden sprudelt. Höhepunkt für den, der es mag: die intensive Massage mit heftigem Muskel- und Gliederdehnen. Männer und Frauen baden getrennt.

INTERNET

www.histolia.de
Informationen und Fotos zu historischen Orten, mit Übersichts- und Ausgrabungskarten.

www.insidersegeln.de/home.htm
Infos zu allen Themen rund ums Segeln an der türkischen Küste.

www.kultur.gov.tr
Sehr informative Seite des türkischen Kultur- und Tourismusministeriums. Viele Museen und Veranstaltungen.

www.tuerkei-netz.de
Forum mit regem Austausch über verschiedenste Türkei-Themen.

www.turkeytravelplanner.com
Tipps und Infos vorzugsweise für Erstbesucher der Türkei – mit Geduld findet man Antwort auf Fragen, die man immer wieder stellt. Englisch und deutsch.

MEDIZINISCHE VERSORGUNG

KRANKENVERSICHERUNG

Die Türkei hat mit der Bundesrepublik Deutschland ein Sozialversicherungsabkommen geschlossen. Mit einem Urlaubskrankenschein Ihrer Krankenkasse, auf dem das Verfahren im Krankheitsfall zweisprachig erklärt wird, haben Sie Anspruch auf medizinische Behandlung. Manche Krankenkassen geben auch mehrsprachige Patienten-Pässe aus, die im Notfall die Verständigung mit dem Arzt erheblich erleichtern.

Der zusätzliche Abschluss einer Auslandsreisekrankenversicherung ist dennoch ratsam.

Medikamente sind im Vergleich zu Deutschland meist sehr preisgünstig.

KRANKENHAUS

Krankenhäuser befinden sich z. B. in Antalya und Adana.

APOTHEKEN

Apotheken sind in der Regel im Sommer Mo–Fr von 8–20 Uhr geöffnet.

NEBENKOSTEN

1 Tasse Kaffee . . . . .0,50–1,50 €
1 Bier (0,3 l) . . . . .2,00–3,00 €
1 Cola . . . . .0,75–1,50 €
1 Brot (ca. 500 g) . . . . .ab 0,75 €
1 Schachtel Zigaretten . . . . .1–2 €
1 Liter Benzin . . . . .1,50 €
Fahrt mit öffentl. Verkehrsmitteln
(Einzelfahrt) . . . . .0,55 €
Mietwagen/Tag inkl. km . . . . . . .ab 35 €

NOTRUF

Polizei-Notruf Tel. 155
**Auskunft über Telefonnummern
und die geöffneten Apotheken**
Tel. 118
Feuerwehr Tel. 110
Rettungsdienst Tel. 112
Unfall-/Pannendienst des ADAC
▸ S. 113

POST

Postämter (gelbes Schild PTT) sind zumeist Mo–Fr von 8.30–12.30 und 13.30–17.30 Uhr geöffnet, Hauptpostämter in den Großstädten Mo–Sa 8–24 und So 9–19 Uhr.
Die Briefkästen in der Türkei sind gelb. Briefmarken erhält man in Postämtern und Kiosken mit PTT-Schild. Postkarten nach Deutschland, Österreich und in die Schweiz kosten 0,70 TL.

REISEDOKUMENTE

Deutsche, Österreicher und Schweizer können mit einem gültigen Reisepass oder Personalausweis (Identitätskarte) einreisen. Kinder unter 16 Jahren müssen im Pass eines Elternteils eingetragen sein oder benötigen einen Kinderausweis (ab 10 Jahren mit Lichtbild) bzw. einen eigenen Kinderreisepass.

Österreicher brauchen einen Reisepass und ein Visum. Kinder unter 12 Jahren müssen im Pass eines Elternteils eingetragen sein oder benötigen einen Kinderreisepass.

REISEKNIGGE

Kleidung: Abseits von Stränden und Strandhotels keine Shorts, keine nackten Männeroberkörper und keine schulterfreien Tops bei Frauen – man verliert sonst an Ansehen bei den Einheimischen.
Moscheen: Vor der Besichtigung die Schuhe ausziehen, es gibt meist Schuhregale und oft Wärter, auch selbst ernannte, denen man ein paar kleine Münzen gibt. Für Frauen liegen am Eingang oft Kopftücher zum Ausleihen bereit. Wie in europäischen Kirchen gilt: kein lautes Sprechen, keine Störung von Betenden.
Privatwohnungen: Räume in Straßenschuhen zu betreten gilt meist als unsauber und unhöflich.
Zärtlichkeiten: Küsse und andere Zärtlichkeiten übers Händchenhalten hinaus werden in der Öffentlichkeit nicht gern gesehen.

REISEWETTER

Schon im Juni kann das Thermometer auf über 35 °C steigen – noch angenehm bei einer Brise am Strand. Wer weniger »hitzebeständig« ist, reist am besten zwischen März und Anfang Juni oder im September/Oktober. Von der zweiten Oktoberhälfte an gibt es heftige Regenschauer.

STROMSPANNUNG

Überall 220 Volt. Stromausfälle kommen manchmal vor, auch Stromschwankungen, und sehr abgelegene Landgemeinden sind noch ganz ohne Stromversorgung.

TELEFON

VORWAHLEN

D, CH, A ▸ Türkei 00 90
Türkei ▸ D 00 49
Türkei ▸ A 00 43
Türkei ▸ CH 00 41

Das türkische Telefonsystem wurde neu strukturiert und arbeitet jetzt effizient. In der Türkei muss bei allen Nummern in diesem Band eine Null vorgewählt werden. Für Handy-Benutzer: D2-Netz! Telefonkarten bekommt man in Postämtern, Läden und Kiosken. In Postämtern kann man gegen Barbezahlung auch Ferngespräche führen.

TIERE

Hunde und Katzen benötigen zur Einreise einen EU-Heimtierausweis (stellt der Tierarzt aus) und ein Gesundheitszeugnis. Sie müssen mindestens 15 Tage und höchstens sechs Monate vor Reisebeginn gegen Tollwut, Distemper, Parvovirose, Leptospirose, Hepatitis und Staupe geimpft werden. Dies muss im Impfpass bescheinigt sein.

Der rascheren Einreise kommt es zugute, wenn man die Dokumente in türkischer oder zumindest in englischer Sprache vorlegen kann. Die Zahl der Hotels, die Hunde zulassen, ist noch sehr begrenzt – informieren Sie sich vorher. Eher kommen Apartments oder ein Bungalow in Betracht. Da die Einfuhr von Tieren vom türkischen Zoll nicht gerne gesehen wird und der Flug ohnehin eine Qual für die Tiere ist, sollten diese lieber daheim bleiben.

TOILETTEN

Die mediterrane Hocktoilette schätzen Gäste aus Mitteleuropa weniger, mag sie auch hygienisch empfehlenswert sein. Das gekachelte Loch im Boden mit dem Eimer zum Nachspülen ist denn auch auf dem Rückzug und wird in den Urlaubsregionen vom europäischen Modell samt Wasserspülung verdrängt. So braucht der Tourist nur zu wissen, dass **Bay** oder **Erkek** »Herren« heißt, **Bayan** oder **Kadın** »Damen« – falls die Piktogramme fehlen.

TRINKGELD

Im Restaurant und im Taxi werden etwa 10 Prozent erwartet. Im Hotel ist Trinkgeld nicht unbedingt erforderlich, wird aber gern akzeptiert.

VERKEHR

AUTO

Wer von Marmaris bis Antakya reist, legt auf direktem Weg fast 1100 km zurück, fast so viel wie von München nach Bari in Süditalien. Wir wagen die Behauptung: Diese »Grand Tour« ist die schönste Mittelmeer-Autoreise, die man sich heute vornehmen kann. Denn Sie fahren großenteils auf Strecken, auf denen es vor wenigen Jahrzehnten nur Karrenwege und Straßen dritter Ordnung gab, die nun aber neu ausgebaut sind. Sie fahren einen großen Teil der Strecke mit weiten Ausblicken aufs Meer – und den größten übrigen Teil durch schönste Waldgebirge. Vermutlich wird Ihnen manche Gebirgsstrecke als unzureichend mit Seitenplanken gesichert erscheinen – das trifft zu und erfordert vorsichtiges Fahren. Vorsicht gebietet auch das Drei-Spur-System, das Überholmanöver aus beiden Richtungen gestattet und immer wieder Fahrer dazu verleitet, so zu überholen, als sei auf der Mittelspur mit Gegenverkehr nicht zu rechnen. Nirgends aber brauchen Sie sich mit mühsamen Stadtdurchfahrten zu plagen.

Wenn Sie nicht in der Hauptsaison unterwegs sind, ist die Verkehrsdichte außerhalb der Ortschaften meist sehr gering. Die neue Autobahn östlich von Mersin, die zur Entlastung der viel befahrenen Hauptstraße in Richtung Osttürkei und Syrien angelegt wurde, ist gebührenpflichtig.

Als Höchstgeschwindigkeit gilt außerorts 90 km/h, in Ortschaften 50 km/h. Mit eigenwilligen Verkehrsteilnehmern und langsameren Fahrzeugen sollte man rechnen und für die Dauer des Urlaubs eine Vollkaskoversicherung abschließen.

In İstanbul gibt es längst einen deutschsprachigen ADAC: Tel. 2 12/2 88 71 90. Bei schweren Unfällen oder Pannen wenden sich Mitglieder an den ADAC München, Tel. 0 89/22 22 22, für Krankenheimholung wählen Sie Tel. 0 89/76 76 76.

Türkische Verkehrsschilder entsprechen den internationalen Mustern. Bleifreies Benzin (Kurşunsuz) bekommen Sie an den meisten Tankstellen, und an der Südküste ist das Tankstellennetz dicht genug.

MIETWAGEN

In den Zentren der Südküste konkurrieren die großen internationalen und zahlreiche kleinere Unternehmen; die Tourist-Information gibt Ihnen die Adressen. Ein kleines Auto kostet im günstigen 7-Tage-Tarif täglich etwa 35 bis 45 € (unbegrenzte Kilometer), außerhalb der Hochsaison kann man auch handeln.

BUS, TAXI UND DOLMUŞ

Wenn Sie nach dem **Otogar**, dem Busbahnhof, fragen, weiß in der Türkei jeder Bescheid, denn die Busse sind das wichtigste Verkehrsmittel. Aber nennen Sie Ihr Fahrziel, denn in größeren Orten fahren die Fernbusse von anderen Plätzen ab als der »Vorortverkehr«. Busfahren ist in der Türkei noch immer billig.

Taxis erkennt man an der gelben Farbe. Bei längeren Fahrten wird der Preis ausgehandelt, bei kurzen sollte man immer darauf achten, dass der Taxameter eingeschaltet ist.

Das **Dolmuş** – das Sammeltaxi, das bestimmte Strecken bedient – ist die kostengünstige Variante und sorgt in den weitläufigen Badeorten für die Verbindung mit dem Zentrum. Die Fahrpreise sind von den Gemeinden festgelegt, es gibt auch Fahrpläne.

Mittelwerte	JAN	FEB	MÄR	APR	MAI	JUN	JUL	AUG	SEP	OKT	NOV	DEZ
Tagestemperatur	15	16	18	21	25	30	34	34	31	26	21	17
Nachttemperatur	6	7	8	11	15	19	23	23	19	15	11	8
Sonnenstunden	5	7	7	9	11	12	13	12	11	9	7	5
Regentage pro Monat	14	11	8	6	5	2	1	1	1	6	8	12
Wassertemperatur	16	16	16	17	20	23	25	27	26	23	20	18

SCHIFF

Ein Linienverkehr längs der Küste wird zwar nicht angeboten, aber an den Kais aller größeren und auch vieler kleinerer Urlaubsorte liegen Schiffe und Boote für Ausflüge zu Buchten und Inseln oder zu mehrtägigen Erkundungen der Küste bereit. Zum Programm gehören meist Picknick und Musik, oft Tanz und fast immer Badepausen.

Stilvoll ist man mit **Gulets** unterwegs, den hochbordigen hölzernen Segelschiffen, die nach traditionellen Mustern gebaut werden.

WASSERPFEIFEN

Die **Nargileh** kam im frühen 17. Jh. aus Persien in die Türkei. Der Rauch wird in ein Wassergefäß geleitet, bevor er durch ein zweites Röhrchen und einen Schlauch oberhalb des Wasserspiegels zum Mundstück gelangt. Dadurch verliert der Tabak seine Schärfe und einen Teil des Nikotins. Achtung: Seit Juli 2009 gilt in Cafés und Restaurants Rauchverbot (▸ S. 15)!

ZEITVERSCHIEBUNG

In der Türkei gilt die Osteuropäische Zeit (MEZ +1 Std.) sowie zusätzlich von Ende März bis Ende Oktober die Sommerzeit. Der Zeitunterschied zu Deutschland beträgt also immer eine Stunde: Um 12 Uhr mittags in Deutschland ist es in der Türkei zu jeder Jahreszeit bereits 13 Uhr.

ZOLL

Reisende aus Deutschland und Österreich dürfen Waren im Wert von 300 €, bei Flug- bzw. Seereisen von 430 € (Jugendliche: 175 €) abgabenfrei mit nach Hause nehmen, Reisende aus der Schweiz im Wert von 300 SFr. Die Waren müssen für den privaten Gebrauch vorgesehen sein. Tabakwaren und Alkohol fallen nicht unter diese Wertgrenze und bleiben in bestimmten Mengen abgabenfrei (z. B. 200 Zigaretten, 4 l Wein).

Weitere Auskünfte erhalten Sie unter www.zoll.de, www.bmf.gv.at/zoll und www.zoll.ch.

ENTFERNUNGEN (IN KM) ZWISCHEN WICHTIGEN ORTEN

	Adana	Ankara	Antakya	Antalya	Çanakkale	Denizli	Istanbul	Izmir	Marmaris	Mersin
Adana	–	490	191	556	1102	767	939	896	874	69
Ankara	490	–	681	545	650	478	453	580	684	483
Antakya	191	681	–	747	1293	958	1130	1087	1065	260
Antalya	556	545	747	–	723	226	725	450	318	487
Çanakkale	1102	650	1293	723	–	497	320	319	607	1089
Denizli	767	478	958	226	497	–	651	224	206	713
Istanbul	939	453	1130	725	320	651	–	566	794	932
Izmir	896	580	1087	450	319	224	566	–	288	883
Marmaris	874	684	1065	318	607	206	794	288	–	805
Mersin	69	483	260	487	1089	713	932	883	805	–

Kartenatlas

Maßstab 1:1 500 000

Legende

Touren und Ausflüge

o—▶	Zur versunkenen Stadt bei der Insel Kekova (S. 89) Start: S. 117/118, F4
o—▶	Zur Burg Anamur (S. 92) Start: S. 119, F8
o—▶	Zum St.-Simeon-Stilitis-Kloster (S. 95) Start: S. 121, E12

Sehenswürdigkeiten

10	MERIAN-TopTen
10	MERIAN-Tipp
▢	Sehenswürdigkeit, öffentl. Gebäude
✳	Sehenswürdigkeit Kultur
✳	Sehenswürdigkeit Natur
♆♆	Kirche; Kloster
♭	Klosterruine
♪	Moschee

Sehenswürdigkeiten ff.

♪ ♭	Schloss, Burg; Ruine
血	Museum
☗	Leuchtturm
∴	Archäologische Stätte
⌒	Höhle

Verkehr

▬▬	Autobahn
▬▬	Autobahnähnliche Straße
▬▬	Fernverkehrsstraße
▬▬	Hauptstraße
══	Nebenstraße
----	Unbefestigte Straße, Weg
P	Parkmöglichkeit
B	Busbahnhof

Verkehr ff.

Ⓐ	Bahnhof
✈⊕	Flughafen; -platz
⚓	Schiffsanleger

Sonstiges

i	Information
♙	Denkmal
⚖	Markt
☀	Aussichtspunkt
⚲	Strand
▭	Nationalpark
✤	Naturpark
ΥΥΥ	Muslimischer Friedhof

A   B   C

Aydın, İzmir ↑

032 27
Yağcılar
Sığacık 505
Teos Seferihisar
Sığacık
Körfezi
Teke Burnu Keler
Doğanbey
Doğanbey Burun Gümüldür Ahmetli Subaşı
Klaros Üzümler
Notion Ahmetbeyli Selçuk
Ephesos Bozköy
Kuşadası 031
515 Germencik
Neon Söke
Karlovasion Kokkarion
Samos Akra Praso Koçarlı
Vathy Panionion Bağarası
Votsalakia Davutlar Gafarlar
Foúrni Pagóndas Priene 525 Yeşilköy
Dilek Karine Mençler
Yarımadası Sarıkemer
Milli Parkı Bafa
Gölü Kapıkın
Agathoníssi Milet Narhisar
Arkoi Megálo Camiçi
Pátmos Arkoi Chorió Teichiussa
Didyma Akbük
Leipsoi Altınkum
Pátmos Leipsoi Farmakonísio Tekeağaç
Burun Iasos
Güllük
Parthenion Körfezi
Salih Adası Güllük
Léros 330
Akra Tilos Kalólymnos Karaova
Telendos Myndos Yalıkavak Törba
Kálymnos Pserimos Bodrum
Póthia Karaincir Kara Ada
Fener Burnu Gökova
Mastichári Akra Ag. Fókas Reşadiye Yarımadası
Kos Asfendiou Emecik
Andimáchia Kardámena Körmen
Kos İskandil Kargı Datça Hisarönü
Burnu Körfezi
Gialí Mesudiye Nimos
Knidos Bozburun
Mandraki Emporeios Söğüt
Nikia Pedíon
Níssyros Síma Kara Burun
Akra Orfos Sesklion
Syrna Ág. Antónios Akra Zónari
Tílos Livádia Soróni
Akra Trachílos Antitilos 95
Alimiá Psinthos
Chálki Sálakos
Chálki Kritinía Archángelos
Akra Archán
Armenístis İstríos Kálathos
Diafánio Apolakkiá Líndos
Venedig Karpáthos
Iráklion

A   B   C

Çivril
Işıklı Barajı
Beydili
Kızılören
Afş

Belenyaka
Sarıgöl
Kazaklar
Küçükkayalı
Bekilli
İraz

585
Adıgüzel Barajı
Kabalar
Süller
Çıtak
Bozdağ

Hâliller
Buldan Barajı
Güney
Akdere
Çal
Aşağıseyit
Evciler

Kızılçukur
Tripolis
Bozan
Dina

Buldan
595
Denizler
Dazkırı
1

eydağ
Karlıkdede Tepesi 1782
Burharkent
Tepeköy
Çökelez Dağı 1840

Mastaura
Hierapolis
Başmakcı

18
E87
39
Saraköy
Pamukkale
Sinterterrassen
Dutluca
Çardak
320

Nazilli
Antiochia
Tırkaz
Laodikeia
Akhan
Kaklık
Gemis

pazar
Yarzılı
Yemice
Babadağ
DENİZLİ
Kolossai
Çaltı
Karacık

Neapolis
Karacasu
Geyre
585
Honaz
Beylerli
Akçaköy

oğan
Köprü
2308
Yağlılar
Esler Dağı
Orhanlı

Aphrodisias
Kızılcabölük
49
Salda Gölü
Yeşilova
2

Haydere
Kemer Barajı
Karahisar
Serinhisar
Güney
Eşeler
Mürse

acıpaşalar öprüsü
Kemer
Tavas
Kızılca
Alaattin
Apa

Çamyayla
Göktepe
Kurbağalık
Akkaya Tepesi 2243
Tefenni
Olbasa

jan
Muratlar
Kayabaşı
Balkıca
Çakır
Dariveren
Erica
Kumafsarı

550
Muğla
330
Yürükoğlu
Beyağaç
Kibyra
Küçükkalan
18
Çavdır
Yeşilköy
118

30
Kotekli
Gölcük
Kavakçalı
Ağla
Yaylapınar
Gölhisar
E87
Söğüt
350

Ulla
Kabağunluk
Köyceğiz
Yuvarlak Çay
Oğlansini
Altınyayla
Karaçulha
22
Söğüt
17
Kızılçadağ

400
Thera
Pınar
Orta
Yapraklı Barajı
635

Marmaris
Sultaniye
400
Ortaca
Çal Dağı 2184
Sarılar
Ballık
Kayabaşı
Çalam

Kaunos
Ekincik
Dalyan
Karabayır
Karu
Ören
Ceylan
Ören
Yılmazlı
Elmalı

Yılancık Adası
Dalaman
Göcek
Günlük/ Küçük Kargı
Kadyanda
Dereköy
Mentese Tekke
Düdenköy

Turunç
Sarıgerme
Kyra
45
Telmessos
22

Kadırga Burnu
Tersane Ada
Lydae
Kaya Köyü
Fethiye
Tlos
Gömbe
Abd el Musa Türbesi
Göltarla

Rhodos
Kurtoğlu Burnu
Pınara
26
Yaka Köyü
Uyluk Tepesi 3024
Günçalı
Aryk

hodos (Rodos)
Ölüdeniz
1
Uzunyurt
Eşen
Saklıkent Cañon
Nisa
Dirgenler
Alacadağ

os
Gey
Yedi Burnu
30
Xanthos
Üzümlü
Kemerköy
Myra
Fin

Letoon
Üzümlü
Phellos
Gökçeayar
37
Demre
29

2
Patara
Kalkan
400

Yalı Burnu
Kaputas
Kaş
Üçağız
Kekova Adası
Ulu Burnu

Lemesos, Haifa
Rö Megisti

0   30 km

© MERIAN-Kartographie

A   B   C

Işıklı
Barajı
Baydilli
Kızılören
Afşar
Bozdağ
Evcile
Bozan
zkırlı
Dinar
Başmakcı
Gülköy
Çiğrı
Kızılört
Kavacık
Akçaköy

Haydarlı
Kadılar
Dombayova
Senirkent
Güneykent
Çapalı
Senir
Bademli
Burdur

Taşevi
Hüyüklü
Gelendost
Yakaköy
Barla
Atabey
Eğirdir
Balkırı
Bağıllı
ISPARTA

Yalvaç
Reis
Bağkonak
Çetince
Sarıkaraağaç
Betcigez
Sarıdriş
Aksu
Sorkuncak
Yakaavşar
Ayvalı

Doğanhisar
Hüyü

625
320
650
24
36
330
330
695

*Eğirdir
Gölü*

*Beyşehir
Gölü*

Burdur
Gölü
40
13
Güneyce
Belence
Bayındır
Ağlasun
Kremna
21
Sütçüler
Kesmeköy
Kasımlar
Üzüm
Bucak
Çandır
**Kızıldağ
Milli Parkı**
685
*Karaca Ören
Barajı*
Çolaklı
Karapınar
Kırkkavak
**Köprülü
Kanyon
Milli Parkı**
Kızılkaya
*Karaca Ören
Barajı*
Altınkaya
Selge
Burmahan
Akçaören
Akçapınar
Kemer
Garipçe
Kayalar
**Camlıkköyü
Mağaraları**
Ça
Yeşilyayla
Bozova
Killik
Gebiz
Karabucak
Kuyucak
Başpınar
Büyükköy
Dağ
58
*Keriz Tepesi
2004*
*Akdağ
1984*

6

Misrellar
Kozluca
Bağsaray
Çamoluk
Akçaören
Olbasa
Kotruncak
Dağ

7

Korkuteli
Kızılcadağ
Yazır
Beğiş
Karaköy
Çalpınar
350
635
51
Kızıllar
Topallı
Karain
Nebiler
Sillyon
Pınarcık
Bucak
Aspendos
Çardak
Etenna
Yaylalanı
Şişeler
Manavgat-F
Ahmet
Manavgat
Düdenfälle
Perge
Bozteрe
Serik
35
40
Side
Side

**Güllük Dağı
Milli Parkı**
Termessos
8
Doyran
11
21
Belek
Perakende
5
4
4
5
8

ANTALYA
43

Saklıkent
Gedelme
Büyükalan
**Ofimpos
Beydağları Sahil
Milli Parkı**
Küçük Çaltıcak
Büyük Çaltıcak
Saraycık
400
Ovacık
Göynük
Beldibi

Antalya Körfezi

8

*Kızlar Sivrisi Tepe
3086*
Arykanda
Cormus
Göynük
Kemer
Çamyuva
Göltarla
Alacadağ
Beycik
Chimära
Çıralı
Phaselis
Tekirova
3
6
Olympos
6
Finike
Kumluca
18
del Musa
Türbes
inçalı
rgenler
Myra
Demre
29
*Finike
Körfezi*
Venedig

Mittelmeer

Gökgeyazı
Kekova
Adası
Burun

117

A   B   C

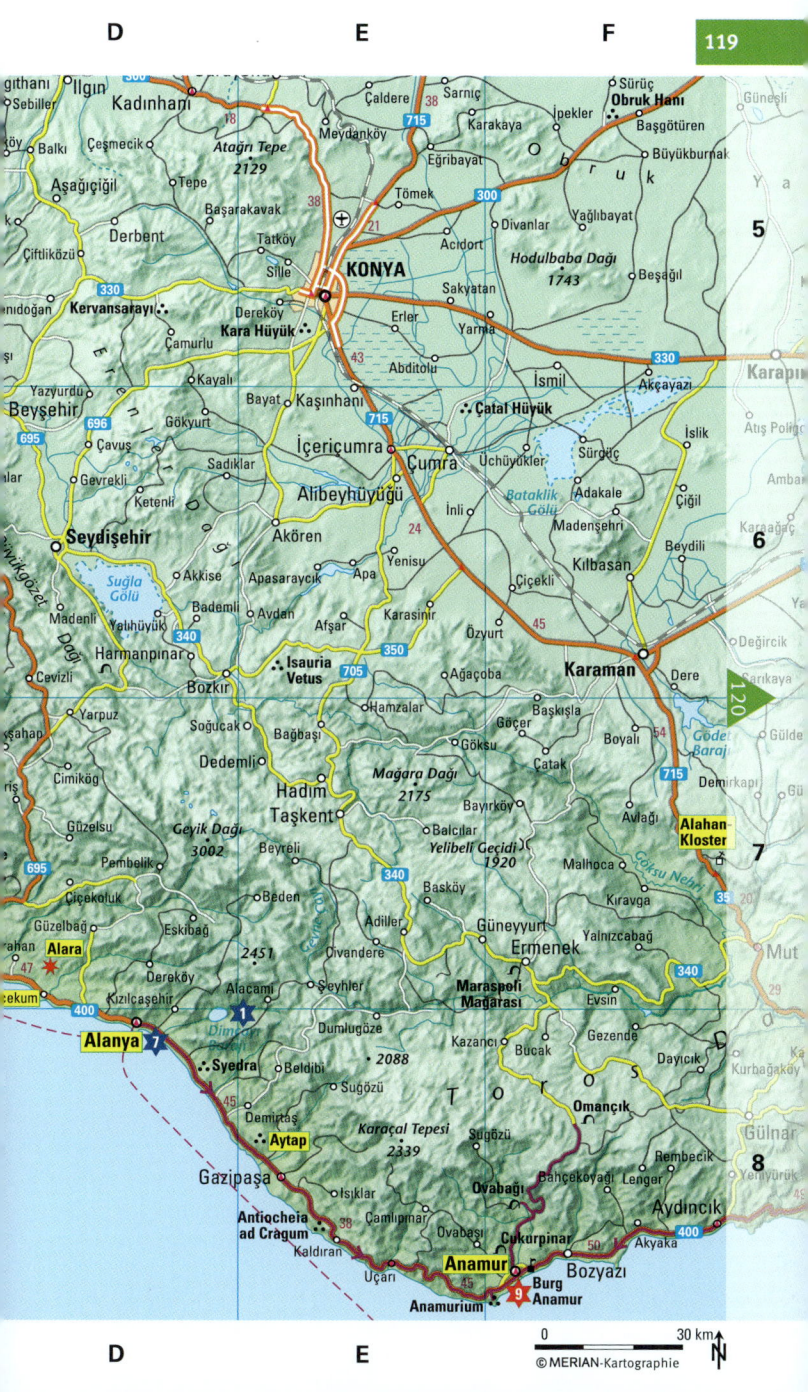

gıthanı · Ilgın   Kadınhanı ·   Çaldere   Sarnıç   Sürüç   Güneşli
Sebiller   İpekler   **Obruk Hanı**
öy · Balkı   Çeşmecik   Meydanköy   Karakaya   Başgötüren   Büyükburnal
k · Aşağıçiğil   *Atağrı Tepe*   Eğribayat   Yağlıbayat   Y
      Tepe   Başarakavak   *2129*   Tömek **300** Divanlar   b r u k
Çiftliközü · Derbent   Tatköy   Acıdort   *Hodulbaba Dağı* Beşağıl   5
      Sille   21   · *1743*
nıdoğan **330** **KONYA**   Sakyatan
Kervansarayı · Dereköy   Erler   Yarma
Kara Hüyük   43 Abditolu   İsmil   Akçayazı **330** **Karapı**
şı Çamurlu   Kayalı   İslik   Atış Polig
Yazyurdu · Gökyurt · Bayat · Kaşınhanı **715** **Çatal Hüyük**   Sürdüç   Amba
Beyşehir **696**   **İçeriçumra** **Çumra** Üçhüyükler   Adakale Çiğil Karağaç
695 · Çavuş · Sadıklar   İnli   Madenşehri   Beydili
lar · Gevrekli   **Alibeyhüyüğü**   24 *Batıklık*   Değircik 6
  Ketenli   Akören   Yenisu   *Gölü*   Kılbasan
Seydişehir   Akkise · Apasaraycık · Apa   Çiçekli   Karağaç
ıvikgözet · *Suğla* · Bademli · Avdan   Karasinir   Sarıkaya
Dağı *Gölü* · Yelihüyük **340** Afşar   Özyurt 45 **Karaman** Dere **120**
Madenli · Harmanpınar   **Isauria** **350**   Ağaçoba   *Godet*
Cevizli   **Bozkır** **Vetus** **705** Hamzalar   Göçer   Başkışla 54 *Baraji* Gülde
şşahan · Yarpuz   Soğucak Bağbaşı   Göksu   Çatak   Boyalı **715** · Demirkapı
riş · Çimiköy   Dedemli   Gü
  Güzelsu · *Geyik Dağı* · **Hadım** *Mağara Dağı* Bayırköy   Avlağı   7
695 · Pembelik *3002* · **Taşkent** *2175*   Balcılar   **Alahan**
  Çiçekoluk   Beyreli *Yelibell Geçidi* Malhoca   **Kloster**
Güzelbağ   Beden **340** *1920* Başköy   Kıravga *Göksu Nehri* 35
ahan **Alara**   Eskibağ · Adiller   Güneyyurt   Yalnızcabağ **340** **Mut**
47   *2451* · Civandere **Ermenek**   29
ekum **400** Kızılcaşehir · Alacami · Şeyhler   **Maraspoli** Evsin
Alanya 7   Dereköy *Dimçay*   **Mağarası**
  · **Syedra**   Dumlugöze   Kazancı · Gezende   Kurbağakö
  45   Beldibi · *2088*   Bucak   Dayıcık   **Gülnar**
      Demirtaş · Suğözü   T o r o s   **Omançık** Rembecik   Yenyuva 8
  Aytap *Karaçal Tepesi* Suğözü   Lenger
  Gazipaşa *2339*   Bahçeköyağı   **Aydıncık**
      Işıklar · **Ovabağı**   **400**
Antiocheia   Çamlıpınar   Ovabaşı **Çukurpınar** Akyaka
ad Cragum   38   50
    Kaldıran   Uçarı **Anamur**   45   **Burg**
                      9 **Anamur**
      Anamurium   Bozyazı

Yahyalı
Şeyhli
Gedikli
Göksun
Kamandağı
2481

Tahtafırlatan Dağı
2495
Mahmutlu
Büyükçamurlu
Tekir
Koçcağız

Çamlıca
Çandırlar
815
Çukurhisar
825

Susuz Tepe
3276
Mansurlu
Feke
Ayvacık
Akgümüş
Şadak

Jlupınar
Büyük Çakır
Akkaya
Uğurlabağ
Gezit Dağı
2279
Yeniyapan

Konakkuran
Çamlarca
Emirler
Cicarpınlar Dağı
Döngel
Önsen

Akinek Dağı
1995
Göreken
Yeşilyayla
Andırın

Kökez
Cömlük
Dilekkaya
Elbistanlı
Koçlu

Aladağ
Akören
Kozan
Bucak
Aslantaş Barajı
Yeşildere
Türkoğlu

Etekli
Yükseкören
Kadirli
Karatepe Aslantas Milli Parkı
Düziçi
Çakıroğlu
26

Nuhlu
Camili
Gazi
Veste Anavarza
Karatepe (Aslantaş) 10
Bahçe
35

İmamoğlu
Dilekkaya
Karlık
Dumlu
Hierapolis Kastalaba
Kırmıtlı
E75
0-52
Fevzipaşa
İslahiye

815
Yeniyayla
Mustabeyli
34
OSMANİYE
41

Seyhan Barajı
Buruk
39
Yılanlı-Kale
Ceyhan
16
Toprakkale
Aydınoğlu
1024

42
Abdioğlu
Yakapınar
Kervansarayı
12
Erzin
Hisarköy

ADANA
9
41
Mopsuestia
Kurtkulağı
İssos
Dörtyol
Yeniköy
49
Bintaş
Solaglı
1100

Doğankent
Aegeae
66
Aktepe

Yeniköy
Yumurtalık
Yakacık
817
Karayılan
825
Ba'dinli

Helvacı
Portakal Burnu
Bekbele
Yalankoz
Shaykh al-Hadid

Bebeli
Kaldırım
Iskenderun Körfezi
İSKENDERUN
E91
0-53
Çevlanlı
Jandaris

Akyatan Gölü Kuş Çenneti
Güzelyayla
Kırıkhan
Kumlu
E98
827

Karataş Burnu
Karataş
Belen
Madenli
18
11
46

Uluçınar
Serinyol
Aşağıoba

Akıncı Burnu
Karagöz
31
Asi Nehri
420
Reyhanlı
51

Konacık
ANTAKYA
10
Tell Atchana
Harim

er
Musa Dağı
1281
Harbiye
56
Haranbush
SYRIEN

Çevlik
25
Sarıbük
Darkush

Seleukia de Pieria
Samandağ
St.-Simeon-Stilitis-Kloster
Kışlak
12

Yeditepe
E91
825
Qanayah
Aleppo

Ras al-Basit
Aşağıpulluyazı
Jisr ash-Shughur
Ariha
35

Ras al-Basit
0   30 km

N

Kartenregister

Zeichenerklärung
○ Orte
∆ Kap, Insel
▲ Gebirge
∞ Landschaft
★ Sehenswürdigkeit
☆ Nationalpark

Orts- und Sachregister

Wird ein Begriff mehrfach aufgeführt, verweist die **fett** gedruckte Zahl auf die Hauptnennung, eine *kursive* Zahl auf ein Foto.
Abkürzungen:
Hotel [H]
Restaurant [R]

Liebe Leserinnen und Leser,
vielen Dank, dass Sie sich für einen Titel aus unserer Reihe MERIAN *live!* entschieden haben. Wir freuen uns, Ihre Meinung zu diesem Reiseführer zu erfahren. Bitte schreiben Sie uns an merian-live@travel-house-media.de, wenn Sie Berichtigungen und Ergänzungen haben – und natürlich auch, wenn Ihnen etwas ganz besonders gefällt.

Alle Angaben in diesem Reiseführer sind gewissenhaft geprüft. Preise, Öffnungszeiten usw. können sich aber schnell ändern. Für eventuelle Fehler übernimmt der Verlag keine Haftung.

© 2012 TRAVEL HOUSE MEDIA
  GmbH, München
MERIAN ist eine eingetragene Marke der GANSKE VERLAGSGRUPPE.

Alle Rechte vorbehalten. Nachdruck, auch auszugsweise, sowie die Verbreitung durch Film, Funk, Fernsehen und Internet, durch fotomechanische Wiedergabe, Tonträger und Datenverarbeitungssysteme jeglicher Art nur mit schriftlicher Genehmigung des Verlages.

BEI INTERESSE AN DIGITALEN DATEN AUS DER MERIAN-KARTOGRAPHIE:
kartographie@travel-house-media.de

BEI INTERESSE AN MASSGESCHNEI-DERTEN MERIAN-PRODUKTEN:
Tel. 0 89/4 50 00 99 12
veronica.reisenegger@travel-house-media.de

BEI INTERESSE AN ANZEIGEN:
KV Kommunalverlag GmbH & Co KG
Tel. 0 89/9 28 09 60
info@kommunal-verlag.de

TRAVEL HOUSE MEDIA
Postfach 86 03 66
81630 München
merian-live@travel-house-media.de
www.merian.de

3. Auflage

PROGRAMMLEITUNG
Dr. Stefan Rieß
REDAKTION
Juliane Helf, Stella Rahn
LEKTORAT
Kerstin Seydel-Franz
BILDREDAKTION
Nora Goth, Lisa Grau
SCHLUSSREDAKTION
Ulla Thomsen
SATZ/TECHNISCHE PRODUKTION
h3a GmbH, München
REIHENGESTALTUNG
Independent Medien Design,
Elke Irnstetter, Mathias Frisch
KARTEN
Gecko-Publishing GmbH
für MERIAN-Kartographie
DRUCK UND BUCHBINDERISCHE VERARBEITUNG
Stürtz Mediendienstleistungen, Würzburg

Ein Unternehmen der
GANSKE VERLAGSGRUPPE

PEFC/04-31-1404

BILDNACHWEIS
Titelbild (Kaputaş-Strand), FAN: Authors Image
A1PIX Ltd. 28, 32/33 • Alamy: Images & Stories 58, 68, Interface Images – World Travel 41, mauritius images 93 • Bildagentur Huber: R. Schmid 10/11, 34, 60, 64 • Bilderberg: 4G. Knoll 80 • dpa Picture-Alliance: S. Stache 4 • FAN: F1 ONLINE 50 • Fotoarchiv: R. Franken 47 • fotolia: B. Wohlbrecht 9 • R. Hackenberg 91, 96/97 • laif: FORGET P/Explorer/ Eyedea Illustration 54, J. Glaescher 30, J. Knop 14, 19, 20, A. Liebsch 22, R. Mattes/ hemis.fr 78, Nar Photos/Stringe 76, A. Schliack 98, M. Tueremis 24, 37, 52 • mauritius images: imagebroker 9 • G. P. Müller 2, 88 • M. Neumann-Adrian 83 • Reisebildarchiv: E. Wrba 86/87 • Sarigerme Park 12 • shutterstock: S. Ozkavak 45 • M. Thomas 66